AU CŒUR DE LA TROISIÈME GUERRE MONDIALE

DU MÊME AUTEUR
CHEZ LE MÊME ÉDITEUR

La troisième Guerre mondiale a commencé (2002)

Islam-Occident, la guerre totale (2004)

10 questions sur la Turquie…
et 10 réponses qui dérangent (2005)

L'Iran dans la Troisième guerre mondiale (2006)

De la crise à la guerre (2011)

Le monde s'embrase (2013)

Erdogan ou la haine de l'Occident (2021)

LAURENT ARTUR DU PLESSIS

AU CŒUR DE LA TROISIÈME GUERRE MONDIALE

Jean-Cyrille Godefroy

ISBN : 9782865533459

Collection Le Cercle Aristote
Dirigée par Pierre-Yves Rougeyron

ISSN : 2728-6274

www.editionsjcgodefroy.fr

INTRODUCTION

Le rêve évanoui de la fin de l'Histoire

La chute de l'URSS installa dans les années 90 l'utopie de « la fin de l'Histoire ». *L'hyperpuissance américaine convertirait toute l'humanité à la démocratie et au droits-de-l'hommisme. Elle bâtirait un gouvernement mondial garant de la paix et de la concorde universelles.*

Le penseur français Emmanuel Todt prévient : *La Troisième Guerre mondiale a déjà commencé.* C'est le titre d'un de ses livres, publié au Japon en 2023 et vendu à 100 000 exemplaires. C'est aussi le titre (sans le mot « *déjà* ») de mon premier essai, terminé fin septembre 2022 et publié le mois suivant aux éditions Jean-Cyrille Godefroy.

Ce livre paru il y a plus de vingt ans me plaçait à contre-courant de la *doxa* de l'époque. Celle de *La mondialisation heureuse* (Alain Minc). Et de *La Fin de l'Histoire* annoncée par l'universitaire américain Francis Fukuyama dans un ouvrage au succès planétaire. En septembre 2002, l'écrasante majorité des intellectuels partageaient la vision de Fukuyama.

L'effondrement impromptu de l'Union soviétique avait semblé inaugurer une paix mondiale éternelle. Les chocs militaires entre grandes puissances semblaient révolus. Leurs rivalités se limiteraient à la sphère économique et financière, au profit du bien-être général. Pressés de « *toucher les dividendes de la paix* » (Laurent Fabius), les Européens miniaturisaient leurs armées. Cela suffirait contre les inévitables « *États voyous* » de second ordre et les groupuscules terroristes. Ils s'en remettaient à la protection du géant américain. De toute façon tout danger majeur était écarté : l'ex-armée soviétique qui avait tellement impressionné l'Occident était en pleine déliquescence.

Dans le domaine de la Défense, il restait un seul colosse budgétaire : le Pentagone. Dévorant la moitié des dépenses militaires de la planète, il conférait à l'hyperpuissance américaine le statut de gendarme du monde. Aucun État ne pouvait désormais rivaliser avec elle. La Fédération de Russie avait chaviré dans un chaos politique et économique que présidait un Boris Eltsine alcoolique et déboussolé. Quant à la Chine, elle était loin d'être le géant qu'elle est devenue.

La première guerre du Golfe, ayant opposé en 1991 l'Irak (qui avait attaqué le Koweït) à une coalition de 35 nations conduites par les États-Unis sous mandat de l'ONU, avait consacré la domination américaine. Épaulant les troupes au sol, les bombardiers et les missiles du gendarme du monde avaient pulvérisé l'armée irakienne, classée au quatrième rang mondial. L'invincibilité américaine était universellement établie. On voyait s'ouvrir une nouvelle ère, celle de la *pax americana* étendue à l'humanité entière, en une réplique magnifiée de l'antique *pax romana* géographiquement bien plus réduite.

Impression confirmée par les guerres balkaniques de la décennie 1990. Les États-Unis y avaient tenu le rôle du Shérif venu rétablir l'ordre au nom des droits de l'homme à la tête d'une coalition internationale. Avec un épisode cyclopéen : le bombardement terrifiant de la Serbie, détruisant ses ponts, ses centrales électriques, ses gares, ses routes... Au bout de 78 jours, Belgrade s'était incliné devant le gendarme du monde auquel rien ne résistait.

Après cela, il y avait eu la sidération des attentats du 11 septembre 2001 : les djihadistes d'Al-Qaida projetant des avions de ligne sur les tours du World Trade Center à New York et le bâtiment du Pentagone non loin de Washington... Jusque-là les États-Unis n'avaient jamais essuyé une attaque aérienne sur leur partie continentale. Le 7 décembre 1941, les Japonais avaient bombardé la base navale de Pearl Harbor située au diable vauvert, dans les îles Hawaï. Le gouvernement taliban de l'Afghanistan avait accordé l'hospitalité à Al-Qaida et son chef, Oussama Ben Laden. Sommé par Washington de livrer ses hôtes, il avait refusé. Prenant la tête d'une coalition internationale, les États-Unis avaient aussitôt déchaîné leur puissance technologique sur l'Afghanistan. Al-Qaida et ses protecteurs talibans avaient été défaits par les bombardiers géants B52, les munitions déjà intelligentes et la bombe GBU-43 (« *la Mère de toutes les bombes* ») d'une puissance phénoménale.

Après cela, l'Irak à nouveau. En septembre 2002, les relations diplomatiques entre Washington et Bagdad s'étaient dégradées, celui-ci ayant envahi le Koweït le mois précédent. Mais l'opinion dominante était que Saddam Hussein se coucherait devant les États-Unis plutôt que de risquer une nouvelle guerre avec eux. Toutefois, ainsi que je l'annonçais en septembre 2002, celle-ci aurait lieu. Washington la voulait. Ce serait en janvier 2003, après qu'il eût accusé mensongèrement l'Irak de détenir des armes de destruction massive. L'armée irakienne serait à nouveau écrasée. Nouveau triomphe américain…

En septembre 2002, le monde semblait devenir le jardin de l'hyperpuissance étatsunienne. Le XXIe siècle serait « *le siècle américain* ». Les États-Unis apparaissaient comme le géant ayant vocation à mettre la planète entière sous leur tutelle bienveillante au nom de la liberté, des droits de l'homme et de la démocratie. Il était entendu que cette dernière, née dans la Grèce antique et perfectionnée par l'Europe moderne, serait le régime politique adopté par toute l'humanité.

Quand la Chine était la pierre angulaire de l'utopie mondialiste

En septembre 2002, la Chine ne contrevenait pas à l'utopie mondialiste. Au contraire, son intégration à l'Organisation mondiale du commerce (OMC) réalisée l'année précédente semblait l'entériner parfaitement. Sous la férule du président Deng Xiaoping, arrivé à la tête de la Chine en décembre 1978, et de ses successeurs, le géant asiatique s'était ouvert aux marchés internationaux et aux capitaux étrangers. Il était devenu l'usine du monde. Son éblouissante croissance économique à deux chiffres le conduirait, selon les théoriciens de la mondialisation heureuse, à devenir une démocratie parlementaire à l'occidentale. Ce serait l'étape décisive vers une gouvernance mondiale sous l'égide des États-Unis.

À ce moment-là, j'écrivais que la Chine refuserait de se couler dans le moule occidental. À un stade ultérieur de son développement, elle entrerait en conflit économique puis militaire avec les États-Unis. Cette volte-face porterait un coup fatal à l'utopie mondialiste.

Dans ce nirvana américano-mondialiste, invoquer le spectre d'une Troisième Guerre mondiale rendait un son étrange…

Chapitre I

Les racines philosophiques de l'utopie mondialiste

L'utopie de la paix mondiale éternelle, donc de la fin de l'Histoire, a des racines anciennes. Notamment chez Emmanuel Kant au XVIIIe *siècle* (« Vers la paix perpétuelle »). *Et au XIX*[e] *siècle Auguste Comte, chantre de la concorde universelle par la science et l'industrie qui délivreront l'humanité de la pauvreté.*

Le « positivisme comtiste » ou la gestion rationnelle des hommes comme des choses

Fukuyama annonçait la fin de l'Histoire. Un polytechnicien philosophe français du XIXe siècle, Auguste Comte, fut un grand précurseur de cette pensée. Sa vision rationaliste du devenir de l'humanité influence les élites technocratiques occidentales depuis plus d'un siècle et demi. Né en 1798, Comte grandit dans le contexte des guerres napoléoniennes de masse prolongeant celles de la Révolution. Traumatisé par les boucheries qu'elles provoquaient, il s'assigna très tôt la mission de « *terminer l'époque révolutionnaire* [...] *en faisant converger les esprits vers une doctrine unique* ». Comte préconisait de réorganiser la société en faisant de la politique « *une science positive et physique* ». C'est le « *positivisme scientiste* ».

Comte jugeait l'humanité mûre pour cela. En effet, comme l'individu, elle évolue en trois phases. La première, théologique et militaire, est caractérisée par l'explication imaginaire et surnaturelle des phénomènes, donc l'omniprésence du Religieux. Elle se subdivise elle-même en trois étapes successives : d'abord le fétichisme, puis le polythéisme et enfin le monothéisme. Une constante les relie : le règne sans partage des fantasmagories pures et simples au nom desquelles on s'entretue. Aucune prémisse de science dans cet âge primitif de l'humanité. La deuxième phase est métaphysique et légiste. Mais elle n'est qu'une sophistication des errements de la première, en remplaçant ses agents surnaturels par des entités abstraites. C'est encore du délire. Arrive enfin la troisième phase de l'humanité : l'âge positif et industriel. Renonçant à la vaine recherche des causes profondes et de l'essence des choses, les hommes se contentent de découvrir par l'observation et le raisonnement les lois effectives de la réalité. Désormais l'esprit humain, arrivé à maturité, a cessé de se gaspiller en vaines élucubrations. Il ne s'occupe que de questions sérieuses. Tout peut et doit être géré rationnellement, les hommes comme les choses. Le « *positivisme scientiste* » vise à offrir à toute l'humanité une prospérité génératrice d'une *paix universelle et définitive*. Le monde entier sera alors sous l'empire d'une règle ainsi formulée : « *L'Amour pour principe, l'Ordre pour base et le Progrès pour but* ».

Saint-Simon, père spirituel de Comte

Dans sa jeunesse, Comte fut le secrétaire particulier d'un penseur devenu célèbre après sa mort, qui l'influença beaucoup : Claude-Henri de Rouvroy, comte de Saint Simon. Cet aristocrate français, cousin éloigné du duc de Saint-Simon, le célèbre mémorialiste de la cour de Louis XIV et de la Régence, fut un philosophe, économiste et militaire français né en 1760 et mort en 1825. Témoin de l'essor de la révolution industrielle en France, il affirmait que la politique n'est que la science de la production. Ce père spirituel des technocrates souhaitait que les industriels prennent le pouvoir afin de passer complètement et définitivement de l'âge théologique et féodal à l'âge industriel et positif. Le rôle de l'État doit être uniquement de garantir la paix, la sécurité de l'industrie et la liberté du commerce. Ce philosophe de l'industrialisme a inventé la doctrine positiviste fondée sur le rationalisme. Comte l'a reprise et amplifiée en restant fidèle à l'esprit saint-simonien : il fit la synthèse entre la philosophie industrialiste de Saint-Simon et sa propre ardeur pacificatrice tendue vers la concorde universelle. Le positivisme comtiste n'a cessé d'influencer les élites dirigeantes, pas seulement occidentales, jusqu'à nos jours. Il est le fondement philosophique de l'utopie mondialiste.

Les traités de Westphalie de 1648

Les guerres de religion en Europe conduisirent au XVIIe siècle à une tentative de rationalisation juridique des relations internationales. Ce fut en 1618 les Traités de Westphalie, qui conclurent la guerre de Trente Ans animée par les passions religieuses opposant catholiques et protestants. Ces traités établissaient la souveraineté pleine et entière de chaque État sur son territoire. Ils disposaient que la religion serait désormais gérée souverainement par chaque État selon le principe *cujus regio ejus religio* (telle la religion du Prince, telle celle du pays). L'ordre westphalien était né, qui mettait en présence des États souverains et égaux en droit, formant la trame d'un ordre international laïcisé et stable échappant à l'emprise des dogmes religieux. Ces traités ont légalisé le principe d'inviolabilité des frontières, d'exclusivité de la souveraineté d'un État sur son territoire et de non-ingérence dans les affaires d'un autre État. Ils ont autorisé les alliances entre États pour contrer la suprématie de l'un d'eux devenu trop puissant. Les traités westphaliens ont fondé le droit international public moderne dont les prémisses avaient été formulées au XVIe siècle par le juriste hollandais Grotius. Celui-ci avait introduit l'idée, novatrice, que le droit devait primer la force dans les relations entre États.

La bipolarisation de la Guerre froide puis le droit d'ingérence proclamé par l'Occident au nom des droits de l'homme ont récusé l'ordre westphalien. Cependant de nombreux États s'en réclament toujours. Ils contestent la légitimité du droit d'ingérence qui sape les fondements du droit international public. Ils proclament le principe westphalien de l'inviolabilité des frontières.

Kant, philosophe de « *la paix perpétuelle* »

Bien que représentant un progrès juridique considérable, les Traités de Westphalie n'évitèrent pas à l'Europe de la seconde moitié du XVIIe siècle le fléau des guerres, dont celles de Louis XIV. Au XVIIIe siècle, dit des Lumières, fleurirent des doctrines pacifistes. Un Français, l'Abbé de Saint Pierre, publia en 1708 le « *Projet pour rendre la paix perpétuelle en Europe* ». Bien que penseur des Lumières, Voltaire moqua le caractère utopique de cette œuvre. Néanmoins, le philosophe prussien Emmanuel Kant reprit et développa la thèse de Saint Pierre dans son célèbre ouvrage « *Vers la paix perpétuelle* » paru en 1795. Il en appelait, entre autres, à la suppression des armées permanentes, la liberté de circulation des personnes entre les États et la création d'une ligue des nations. Kant a jeté les bases de « *l'idéalisme* » dans les relations internationales. Cette doctrine inspira le président américain Woodrow Wilson. Les fameux « *Quatorze Points* » qu'il proposa au sortir de la Première Guerre mondiale exhalaient un parfum kantien. Parmi eux, le désarmement et l'abolition de la diplomatie secrète. « *L'idéalisme wilsonien* » généra la création de la Société des Nations (SDN). Mais le refus du Sénat américain d'y intégrer les États-Unis en diminua fortement la portée.

Un *continuum* rationaliste court de Descartes à Comte en passant par le siècle des Lumières, et se prolonge jusqu'à nos jours, imprégnant la philosophie pratique, les sciences sociales. L'idée, principalement occidentale, d'un gouvernement mondial garant d'une paix et d'une prospérité universelles en est la résultante contemporaine.

Le scepticisme de Max Weber

Toutefois, la thèse comtiste de concorde universelle fondée sur l'essor de la science a suscité des contradicteurs. Par exemple l'économiste et sociologue allemand Max Weber. En 1919, au lendemain de la Grande Guerre, dont l'immensité des pertes avait résulté des progrès de l'artillerie et des mitrailleuses, donc de la science et de l'industrie, il proclamait « *l'impossibilité de se faire le champion de convictions pratiques au nom de la science* ». Pourquoi ? Seule « *la discussion des moyens nécessaires pour atteindre une fin fixée au préalable* » relève de la raison scientifique. Mais pas la fin elle-même, car « *divers ordres de valeurs s'affrontent dans le monde en une lutte inexpiable* ». Weber jugeait irréaliste la téléologie rationaliste du comtisme.

Vassalisation de la Russie post-soviétique

Toutefois la concorde universelle rêvée par Comte parut se réaliser à la chute de l'Union soviétique due notamment à la supériorité économique américaine du moment. La Guerre froide et son équilibre de la Terreur prenaient fin. Une paix universelle allait prospérer sur le terreau d'un essor économique global. Voilà enfin qui semblait donner raison à Comte ! En 1989, Fukuyama annonçait « *La Fin de l'Histoire* » et l'hégémonie planétaire et bienveillante de la démocratie américaine : les États-Unis ne se connaissaient plus d'ennemis, l'ère des grands conflits interétatiques était terminée. L'humanité s'acheminait vers un gouvernement mondial basé sur la démocratie, le libre-échangisme et les droits de l'homme. Ce serait l'avènement du positivisme scientiste. Les États-Unis en seraient les agents propagateurs pour le plus grand profit du genre humain.

En face d'eux, plus aucune puissance rivale.

Succédant à Gorbatchev, Boris Eltsine laissait la Russie post-soviétique se déliter dans un chaos économique et social propice à l'établissement de la suzeraineté américaine sur le pays. Celui-ci était aboulique et sans défense, l'ex-armée rouge n'étant plus que l'ombre d'elle-même.

Les débuts occidentalophiles de la présidence de Poutine

L'arrivée de Vladimir Poutine à la tête de la Fédération de Russie en 2000 ne provoqua pas d'emblée une fracture dans les relations entre la Russie et l'Occident. À la chute de l'URSS, cet ancien officier du KGB s'était retrouvé dans l'écurie d'Anatoli Sobtchak, charismatique et occidentalophile maire de Saint-Pétersbourg. L'Occident adulait ce professeur de droit démocrate libéral. Aussi considéra-t-il sans méfiance l'accès au pouvoir de l'un de ses anciens collaborateurs en la personne de Poutine. Celui-ci avait été cornaqué par des oligarques et par Eltsine lui-même, persuadé qu'il conduirait la même politique que lui.

Il est vrai que Poutine était resté marqué par son passé dans les bureaux de la mairie de Saint-Pétersbourg. Devenu président de la Fédération de Russie, il eut certes à cœur de restaurer la souveraineté de l'État et de la nation russes, effondrée durant la présidence Eltsine. Mais sans pour autant rompre les liens avec l'Occident. Ainsi il réagit à l'attentat du 11 septembre 2001 en proposant aussitôt à

Washington une alliance contre le terrorisme islamiste. Il allait jusqu'à souhaiter l'adhésion de la Russie à l'OTAN…

Poutine installait à la tête de l'État et des grandes entreprises les *siloviki* : les hommes des « structures de force » – armée, police, services de renseignement… Mais il restait un fils de Saint-Pétersbourg, tourné vers l'Occident. Comme l'est traditionnellement cette ville splendide construite au bord de la Baltique où il a vu le jour et grandi. Animé par un élan prométhéen, Pierre-le-Grand l'a fait surgir en 1703 des marais hostiles du golfe de Finlande pour « *ouvrir une fenêtre sur l'Europe* ».

Devenu président, Poutine souhaitait que l'économie russe développe ses échanges commerciaux avec l'Europe. Notamment l'Allemagne, dont il avait appris la langue à l'époque où il était officier de renseignement en République démocratique allemande (RDA). Il n'aura de cesse, avant la crise ukrainienne, de fournir l'Europe – l'Allemagne au premier chef – en gaz bon marché et en minerais dont le sous-sol russe regorge. Au long des décennies 2000-2010, le partenariat germano-russe aura dynamisé les deux économies, parfaitement complémentaires, et celles d'autres pays européens, dont la France. Une relation gagnant-gagnant. L'essor économique allemand n'aurait pas été aussi vigoureux sans le gaz russe d'excellente qualité acheté à bas prix.

Il semblait loin, l'été 1941 qui vit l'Allemagne hitlérienne envahir l'URSS de Staline. Le « *doux commerce* »[1] vanté par Montesquieu avait remplacé le vacarme des canons. Devenue pacifiste, l'Allemagne célébrait ses noces industrielles et commerciales avec le partenaire russe. Elle

1. Formule de Montesquieu qui pensait que les échanges commerciaux entre pays favorisent une bonne entente entre eux et réduisent le risque qu'ils se fassent la guerre.

les voyait comme le meilleur moyen de pacifier les relations Est-Ouest.

Le partenariat économique européo-russe profitait aux deux parties. Il était appelé à des développements ultérieurs grandioses. La complémentarité entre les 17 millions de km^2 de la Russie au sous-sol bourré de matières premières et les capitaux et le savoir-faire des 500 millions d'Européens portait ses fruits. Beaucoup trop, aux yeux de Washington. Le divorce entre la Russie et l'Europe est, pour celle-ci, une catastrophe économique dont la détresse des industriels allemands est l'un des symptômes actuels. La récession allemande aura des répercussions négatives sur le reste de l'Europe, qui se suicide économiquement.

Le divorce de l'Europe avec la Russie a cassé le ressort psychologique qui orientait celle-ci vers l'Ouest. La littérature et l'art russes sont cousins de ceux de l'Europe et non pas de l'Extrême-Orient. Après la chute de l'Union soviétique, les touristes russes visitaient beaucoup plus volontiers Paris, Londres ou Rome que Pékin ou Shanghai. La volte-face obligée vers l'Est heurte la psyché collective russe qui la juge contre nature. La crainte des Chinois demeure.

Chapitre II

Les États-Unis ne tolèrent pas de puissance rivale

La dissolution du Pacte de Varsovie n'a pas entraîné celle de l'OTAN. Au contraire, Washington a étendu l'organisation atlantique vers l'Est, suscitant inquiétude et colère à Moscou qui se pense assiégé. L'élargissement de l'UE s'effectue concomitamment à celui de l'OTAN dont elle est une courroie de transmission.

Hostilité américaine au rapprochement de l'Europe avec la Russie

La symbiose économique germano-russe empreinte de bonne humeur a pu réjouir les disciples de Kant et de Fukuyama, mais pas les acteurs de l'État profond américain. Ils suivaient une feuille de route impériale définie par un intellectuel américain de grand renom, Zbiniew Brzezinski. Conseiller à la Sécurité nationale de Jimmy Carter de 1977 à 1981, il fut un gourou de la politique étrangère américaine jusqu'à sa mort en 2017. Son livre *Le Grand échiquier, l'Amérique et le reste du monde*, paru en 1997, en est resté le bréviaire. Il professe une doctrine géopolitique héritée notamment d'un géographe et géopoliticien britannique, sir John Halford Mackinder : la planète est structurée en un océan mondial qui baigne l'île mondiale constituée par l'Europe, l'Asie et l'Afrique. La thalassocratie dominante (le Royaume-Uni au XIXe siècle, les États-Unis depuis le XXe siècle) doit empêcher l'émergence d'une puissance rivale, notamment dans le *Heartland*, le chœur du monde, à cheval sur l'Ukraine et la Russie. Qui commande le *Heartland* commande l'île mondiale, donc le monde. Brezinski a formalisé ce qui est le fil conducteur de la politique étrangère américaine depuis plus d'un siècle.

C'est pourquoi l'*Ostpolitik* (rapprochement avec l'URSS) lancée par le chancelier Willy Brandt, membre du parti social-démocrate (SPD) en 1960 déplut tout de suite à Washington. Grief invoqué : bénéfique à l'économie soviétique, cette ouverture à l'est trahissait le camp occidental, celui de la Liberté. La chute du Pacte de Varsovie ayant clarifié la situation, les chanceliers Gerald Schroeder du Parti social-démocrate (SPD) lui aussi, puis Angela Merkel, du Parti chrétien-démocrate (CDU) amplifièrent l'ouverture vers la Russie. Cela dopa une synergie eurasiatique qui érigeait un ensemble économique rival de l'économie américaine. Le gaz russe bon marché couplé aux débouchés de l'immense marché chinois dopait l'économie allemande, par ailleurs exemptée de la charge d'une défense militaire assurée par les États-Unis.

Washington ne voyait pas dans la réussite économique allemande de quoi se réjouir. Les dirigeants américains raisonnaient en termes impériaux. Il n'était pas dans leurs intentions de priver l'Amérique de sa position surplombante d'hyperpuissance acquise pendant la Seconde Guerre mondiale et renforcée par la Guerre froide pour la ranger humblement dans un concert des nations égalitaire comme celui organisé par le congrès de Vienne en Europe en 1815. Ils refusaient de partager la puissance. L'idée de condominium leur répugnait. Ils voulaient au contraire compléter l'écrasante supériorité économique des États-Unis par la pérennisation et le renforcement du puissant instrument de domination qu'était l'OTAN entre leurs mains.

1949-1991 : période défensive de l'OTAN

La Seconde Guerre mondiale accoucha de l'OTAN. À l'occasion des conférences de Téhéran (décembre 1943), Yalta (févier 1945), et Postdam (juillet 1945), les États-Unis et l'URSS, grands vainqueurs de la Seconde Guerre mondiale, se partagèrent le monde. En 1949, les États-Unis créèrent dans leur zone d'influence l'Organisation du traité de l'Atlantique Nord (OTAN), à vocation purement défensive. L'article 5 du traité constitutif dispose : « *La défense collective implique que l'attaque contre un membre de l'Alliance est considérée comme une attaque contre tous les membres de l'Alliance.* » Les membres fondateurs étaient 12 : les États-Unis, le Canada, le Royaume-Uni, l'Islande, les Pays-Bas, la Norvège, le Danemark, la Belgique, le Luxembourg, la France, l'Italie, le Portugal. L'Organisation était un entre-soi occidental destiné à se protéger de l'Union soviétique qui maintenait sous son joug la moitié de l'Europe, possédait une armée très puissante et, depuis 1949, la bombe atomique.

Au cours de son âge défensif, l'OTAN s'est élargie à la Grèce et la Turquie, encore kémaliste donc laïque (1952), à la République fédérale d'Allemagne (RFA, 1955) et à l'Espagne (1982). L'identité des pays membres de l'organisation restait en accord avec sa raison d'être : « *contribuer à la sécurité de la région de l'Atlantique Nord* ». Occupant une position stratégique dans le flanc sud de l'URSS, la Turquie y contribuait. En face se dressait le Pacte de Varsovie, né le 14 mai 1955. La détention de l'arme atomique par les deux blocs faisait régner l'équilibre de la terreur entre eux. Fidèle à sa vocation défensive, l'OTAN s'est abstenue de guerroyer pendant toute la Guerre froide, au contraire du Pacte de Varsovie. Elle s'en tenait à des exercices militaires d'entraînement.

De 1991 à nos jours : période offensive de l'OTAN

Ce qui avait été la raison d'être de l'OTAN – la menace représentée par le Bloc de l'Est – s'effondra brusquement : dissolution du Pacte de Varsovie le 1er juillet 1991, dissolution de l'URSS le 28 décembre de la même année. L'OTAN devenait sans objet. Aucune puissance ne menaçait désormais la sécurité atlantique. La Russie était déliquescente, la Chine militairement insignifiante. L'OTAN avait accompli sa mission. En bonne logique, elle devait être dissoute. Le général de Gaulle avait cru qu'il en irait ainsi, lui qui avait dit à Alain Peyrefitte[1] en 1965 : « *L'Alliance est souhaitable tant qu'une menace subsiste à l'Est* [...] *l'Alliance ne cessera d'exister que le jour où le Rideau de*

1. *C'était de Gaulle*, 1994, éditions de Fallois

fer se lèvera». Étonnamment le Général n'avait pas anticipé la volonté américaine de conserver cet instrument de puissance après la disparition de sa raison d'être initiale. Washington reconduisit l'OTAN.

Ce choix fut décisif pour la marche du monde. Il portait le sceau de la volonté impériale américaine. Les États-Unis ne voulaient pas redevenir une nation parmi les autres. L'OTAN serait le bras armé de l'hégémonie américaine.

Il fallut trouver à l'organisation une nouvelle légitimité. Puisqu'elle ne pouvait plus être un rempart contre le péril soviétique, elle serait la force missionnaire des droits de l'homme à travers le monde. Elle renverserait les dictateurs et installerait des régimes démocratiques sur des fondements épurés. C'était le concept de «*nation building*». Washington a constamment choisi les cibles de cette croisade selon un deux poids deux mesures conforme à ses intérêts.

À l'absence d'engagements militaires de l'OTAN au cours de sa période défensive, succéda une frénésie guerrière à partir des années 1990. Elle se manifesta d'abord dans les Balkans. Les interventions démarrèrent en juillet 1992 à la faveur de l'éclatement de la Yougoslavie: blocus naval, zone d'exclusion aérienne au-dessus de la Bosnie. Et campagne aérienne contre l'armée serbe présente dans cette province avec 400 avions du 30 août au 30 septembre 1995. Il en résulta la signature des accords de Dayton démembrant la Bosnie-Herzégovine entre la Fédération de Bosnie-Herzégovine (croato-bosniaque) et la République serbe de Bosnie. Ces accords instituaient une force de paix multinationale chargée de les faire respecter.

Autre foyer de tensions: le Kosovo. Les conflits inter ethniques entre Serbes et Albanais de la province (dont

90 % sont musulmans), exacerbés par le terrorisme de l'Armée de libération du Kosovo (UCK), conduisirent à la conférence de Rambouillet. Celle-ci fut organisée par un « groupe de contact » comprenant les États-Unis, la France, l'Allemagne, l'Italie et la Russie. La partie américaine, sous l'impulsion de la secrétaire d'État Madeleine Albright, avait fait introduire dans le projet d'accord une clause prévoyant qu'une force otanienne de 30 000 hommes maintiendrait l'ordre au Kosovo. Et qu'elle jouirait d'une liberté de circulation sur tout le territoire yougoslave assortie d'une immunité face aux lois yougoslaves. La partie serbe jugea ces conditions inadmissibles. Les négociations furent rompues. L'ancien secrétaire d'État Henry Kissinger, éminent acteur de la diplomatie américaine décédé en 2023 à 100 ans, critiqua vertement cet accord : « *Le texte de Rambouillet, qui appelait la Serbie à accueillir les troupes de l'OTAN sur tout le territoire de la Serbie, était une provocation, un prétexte pour commencer les bombardements. Rambouillet n'aurait pu être accepté par le plus pacifique des Serbes. C'était un document diplomatique épouvantable qui n'aurait jamais dû être présenté de cette façon.* »

Le 24 mars 1999, l'OTAN déclencha une campagne aérienne de bombardement sur le Kosovo, la Serbie et le Monténégro qui mobilisa 600 avions fournis par 13 pays et s'éternisa jusqu'au 10 juin. Soixante-dix-huit jours de frappes qui, bien que « *chirurgicales* », tuèrent au moins 5 000 civils, en estropièrent des milliers et détruisirent des villes entières. L'utilisation de bombes à uranium (ne pas confondre avec des bombes atomiques) pollua l'environnement et les populations. Cet enfer, baptisé par l'OTAN « *guerre humanitaire* » au prétexte de la protection des minorités du Kosovo, scandalisa les gouvernements et les opinions publiques de nombreux pays. Le président Boris Eltsine et son Premier ministre Evgueni Primakov furent scandalisés. Quelques minutes avant le début des bombardements, Eltsine (pourtant réputé très occidentophile) apparut à la télévision russe pour lancer un appel désespéré : « *Je m'adresse au monde entier tant qu'il reste encore quelques minutes. Il faut convaincre Bill Clinton de renoncer à faire ce geste dramatique et tragique* [...] *C'est la guerre en Europe, c'est un pas très sérieux et le faire sans le consentement de l'ONU est incompréhensible.* »

Les bombardements débouchèrent sur le traité de Kumanovo en vertu duquel Belgrade retira ses troupes du Kosovo. Bien que les bombardements eussent été effectués sans l'accord de l'ONU, celle-ci délégua la KFOR (Force pour le Kosovo) pour assurer sous son pavillon la sécurité et la liberté de mouvement dans la province passée sous commandement de l'OTAN.

Ce fut un tournant dans les relations internationales. Washington a bouleversé les règles définies au sortir de la Seconde Guerre mondiale. L'OTAN bombarda la Serbie au nom du « *droit d'ingérence* » dans les affaires intérieures des États, légitimé par la défense des droits de l'homme. Promu par les néo-conservateurs américains sous la présidence de Bill Clinton, ce concept répudie les traités de Westphalie de 1648 qui avaient jeté les bases du droit international public moderne. Les guerres conduites au nom des droits de l'homme depuis les années 90 font écho aux guerres de religion des XVIe et XVIIe siècles européens. Ce nouveau concept imposé par Washington constitue une régression du droit international public. Il est fortement belligène. Les États-Unis mettent le droit d'ingérence fondé sur les bons sentiments humanitaires au service de leurs ambitions hégémoniques. Ainsi dans les années 90 ils ont placé les Balkans sous leur domination, installant au Kosovo la base militaire géante de Bondsteel sur laquelle flotte le drapeau de l'OTAN. Il y est représenté une boussole blanche et bleue sur un fond bleu foncé. Le bleu est celui de l'Océan atlantique, le cercle symbolise l'unité et la boussole les chemins de la paix à laquelle aspire chaque membre. Le Kosovo est loin de l'Océan atlantique, mais il est aujourd'hui le royaume de la pègre et d'un fondamentalisme islamiste virulent. Il s'est proclamé État indépendant en 2008 contre la volonté de Belgrade, mais seulement 95 pays lui reconnaissent ce statut. Le volcan des relations entre sa minorité serbe et sa majorité « albanaise » ne demande qu'à se réveiller.

Menés sans consentement de l'ONU, ces bombardements ne relevaient pas du mécanisme de solidarité de l'article 5 de la Charte de l'OTAN puisque la Serbie n'avait attaqué aucun des pays membres de l'organisation atlantique. Dans le cas d'espèce, l'OTAN avait agi en organisation offensive, trahissant la vocation exclusivement défensive définie dans ses statuts. Qui plus est, en s'ingérant dans les affaires intérieures d'un pays. Cette action témoignait de l'ivresse de puissance régnant dans les milieux dirigeants américains après la chute de l'URSS. Ce viol des règles du droit international par un Occident si prompt à donner des leçons a écorné son prestige moral. La majorité des pays non occidentaux ont vu dans le droit d'ingérence au nom des droits de l'homme le travestissement moral d'une volonté hégémonique.

Afghanistan, Irak : guerres « contre le terrorisme »

Autre intervention majeure de l'OTAN : l'Afghanistan en 2001 à la suite des attentats du 11 septembre. L'OTAN a fait jouer l'article 5 de son traité fondateur : solidarité de tous les membres avec les États-Unis attaqués le 11 septembre par Al-Qaida embusquée dans l'Afghanistan des talibans. Ayant reçu l'approbation du Conseil de sécurité de l'ONU votée à l'unanimité, l'OTAN a lancé « *la guerre contre le terrorisme* » avec des forces étatsuniennes et européennes. L'Afghanistan présentait un double intérêt aux yeux de Washington : riche en matières premières, il est situé dans une zone stratégique pour contrôler la Russie et la Chine. Ce fut un échec. Après deux décennies de « guerre asymétrique », les armées de l'OTAN ont quitté l'Afghanistan et les talibans sont revenus au pouvoir. Ils y ont rétabli la charia, privé les filles d'études secondaires et supérieures et les femmes de la plupart des emplois hors du domicile. Elles doivent porter le tchador dans les lieux publics. Leurs violeurs sont couramment impunis. Les exécutions et flagellations publiques pour vol, « *relations illégitimes* » ou violation des normes sociales ont été rétablies. Les libertés publiques (notamment en matière de presse et d'association) ont été éradiquées.

Attaquer l'Afghanistan ne suffisait pas. Le 20 mars 2003, l'OTAN étendit sa « *guerre au terrorisme* » à l'Irak baasiste de Saddam Hussein, mais sans l'aval de l'ONU cette fois-ci. Des accusations mensongères de possession d'armes de destruction massive et de complicité du régime avec Al-Qaida servirent de prétexte. L'image du Secrétaire d'État américain Collin Powell présentant à l'Assemblée générale des Nations unies un tube de verre contenant un liquide inoffensif comme étant une arme chimique de destruction massive est restée gravée dans les mémoires. Après avoir vaincu par un *blitzkrieg* de près de six semaines l'armée de Saddam Hussein (qui fut pendu par ses opposants islamistes), l'OTAN s'enlisa dans une guerre asymétrique d'où naquit Daech. Échec retentissant. En décembre 2011, au bout de huit ans et neuf mois, l'OTAN acheva son retrait de l'Irak en proie au chaos politique et économique.

La Libye plongée dans le chaos

En 2008, l'OTAN déploya des forces en Géorgie pour collaborer avec la population locale contre les Russes appuyant les provinces sécessionnistes d'Abkhazie et d'Ossétie du Sud. L'année 2011 fut celle des « Printemps arabes » et d'une guerre particulièrement calamiteuse de l'OTAN : celle de Libye. Son instigateur principal fut le président français Nicolas Sarkozy. Une colonne de chars envoyée par le président libyen, le colonel Mouammar Kadhafi, roulait vers le chaudron islamiste qu'était la ville de Benghazi pour y mater une révolte. Chapitré par le philosophe Bernard Henri-Lévy, le bouillonnant Sarkozy y vit l'occasion de s'illustrer en tant que héros des Printemps arabes. Entraînant dans l'aventure le non moins sémillant Premier ministre anglais, David Camerone, et le président américain, Barack Obama (toutefois moins enthousiasmé), il fit voter par l'ONU une résolution visant à « *prendre les mesures nécessaires pour protéger les civils* » de Benghazi en vertu du chapitre VII de ses statuts. Rien d'autre. Rassuré par la stricte délimitation de la mission proposée, le

Président russe Dimitri Medvedev ne mit pas son veto au Conseil de sécurité.

Grave méprise… L'OTAN écrasa la Libye sous les bombes pendant cinq mois. Outrepassant le mandat onusien, il étendit ses opérations à tout le pays jusqu'à la chute du régime de Kadhafi. Celui-ci fut tué par une meute d'opposants. Vingt pays participèrent à ce conflit dont la France et le Royaume-Uni furent les chefs de file. La 6e flotte américaine apporta un soutien décisif aux opérations militaires. Résultat : la Libye a été plongée dans un chaos dont elle n'est jamais sortie. Deux gouvernements rivaux s'y font la guerre dans un écheveau de milices tribales dont beaucoup sont islamistes. Le djihadisme y prospère avec des métastases dans le Sahel où se sont déversés les armements autrefois stockés dans les arsenaux de Kadhafi. Celui-ci était certes un despote. Mais il avait renoncé au terrorisme et à l'acquisition de la bombe atomique. Il empêchait les flux migratoires de déferler sur Lampedusa à partir de son territoire, où il combattait l'islamisme. Sa gestion autoritaire et habile des rivalités tribales préservait la stabilité politique du pays. Donc la sécurité de l'exploitation des immenses gisements de pétrole qui assurait un excellent niveau de vie à l'ensemble de la population. Tout cela est révolu. La guerre civile, l'anarchie tribale et le climat général de violence grèvent l'activité pétrolière. Le niveau de vie de la population s'est effondré.

De bons esprits expliquent que la responsabilité de cette faillite revient aux gouvernements occidentaux qui ne se sont pas préoccupés d'accompagner la Libye sur le chemin de la démocratie après la chute de Kadhafi. Ils n'ont pas assuré « *le service après-vente* ». C'est pourtant ce qui a été tenté en Afghanistan après la chute des Talibans et en Irak après celle de Saddam Hussein. Échec total. L'Afghanistan est au fond du gouffre économique, sous la férule d'un totalitarisme islamique. L'Irak est dans une situation analogue à celle de la Libye. Malgré ses ressources pétrolières, son niveau de vie s'est effondré à cause du climat de violence et d'anarchie qui y règne. Al-Qaida et Daech y reprennent vie. Le vide politique laissé par la chute du régime baasiste de Saddam Hussein a offert un boulevard à l'Iran des mollahs qui a pu établir la continuité d'un « *croissant chiite* » allant du Liban au Yémen en passant par lui et la Syrie.

Un État voulant parachuter la démocratie dans un pays militairement défait par lui n'ayant pas l'expérience de ce régime essuie de graves déboires comme l'ont démontré les exemples afghan et irakien. Au sortir de la Seconde Guerre mondiale la démocratie a prospéré en l'Allemagne et au Japon parce que tous deux avaient expérimenté la monarchie parlementaire. Et, concernant l'Allemagne, la République de Weimar.

Une fois revenu à la présidence de la Russie, Poutine a reproché amèrement à Medvedev de ne pas avoir opposé le veto russe à la résolution des Nations unies concernant l'attaque de la Libye. Medvedev a conscience d'avoir été manipulé par les Occidentaux. Il en est résulté un sentiment de culpabilité mêlé de colère qui a sans doute pesé lourd dans son extraordinaire évolution. Lui qui fut si longtemps un amoureux de l'Occident, un « libéral », un « modéré », en est devenu l'un des contempteurs les plus virulents de Russie.

Bombardement de la Serbie

Le bombardement de la Serbie en 1999 par l'OTAN a choqué non seulement les dirigeants russes, mais aussi ceux de nombreux pays émergents. Il en est allé de même pour celui de la Libye. Un constat s'est imposé à eux : si l'on ne possède pas la bombe atomique, comme c'était le cas de l'Afghanistan, de l'Irak et de la Libye, on est à la merci d'une attaque otanienne. Ce principe s'applique aussi, bien sûr, à l'Ukraine vis-à-vis des Russes. La Corée du Nord est protégée par sa bombe atomique. Tout comme la Russie, première puissance nucléaire du monde. La crainte d'Israël est que l'Iran des mollahs, pays du seuil nucléaire, s'en dote rapidement lui aussi. Ce qui entraînerait une prolifération nucléaire au Proche-Orient. Le bellicisme déployé par l'OTAN à l'encontre des États non nucléaires après la chute de l'URSS aura stimulé la prolifération nucléaire. Plus nombreuses seront les puissances nucléaires, plus élevés seront les risques de dérapages menant à son emploi.

Les Américains sont les seuls à l'avoir utilisée contre le Japon, en 1945. Le monde a découvert leur effrayant pouvoir de destruction ce qui a nourri jusqu'à nos jours la dissuasion nucléaire. Mais les progrès techniques permettent de maîtriser de mieux en mieux la miniaturisation des bombes atomiques. Aussi le concept d'arme du champ de bataille se propage-t-il dans les académies militaires. Pourquoi ne pas lancer une bombe atomique miniature sur une concentration de troupes ennemies afin d'éviter une déroute à ses propres soldats ou bien tout simplement d'économiser leurs vies ? L'emploi de l'arme atomique du champ de bataille risquerait d'être le premier pas d'une escalade nucléaire menant au tir de bombes atomiques de forte puissance.

Imagine-t-on ce qu'aurait fait Hitler s'il avait eu l'arme atomique ? Et ce que feraient des djihadistes ultra-fanatisés parvenus aux commandes d'une puissance atomique ? La « rationalité » au sens occidental du terme n'est pas un axiome universel. Le terroriste qui meurt en déclenchant sa ceinture d'explosifs au milieu d'une foule pour tuer et blesser un maximum de gens est-il rationnel ? Oui, pourrait-on dire, si l'on considère son but : répandre la terreur pour contribuer à éradiquer toute velléité d'opposition à la cause qu'il défend. Il met en adéquation les moyens et la fin…

Guerre OTAN/Russie par Ukraine interposée

L'OTAN n'est pas officiellement en guerre contre la Russie en Ukraine. Mais il fournit une aide massive en armes, munitions et renseignements à Kiev. Le droit de la guerre ne le qualifie pas de cobelligérant puisqu'il n'engage pas ses troupes dans les combats. Toutefois ce concept juridique n'a pas été adapté à l'évolution de la technologie. Un drone d'observation ou un avion de surveillance radar évoluant à l'extérieur du territoire d'un belligérant, qui transmet à ses artilleurs et dronistes les informations sur un objectif ennemi leur permettant de le détecter et de viser juste, ne se comporte-t-il pas en cobelligérant ? La question se pose de la même façon quant à la transmission d'observations satellitaires. L'allonge grandissante des moyens électroniques d'observation et de guidage bouleverse *de facto* la frontière entre cobelligérance et non cobelligérance.

Cette problématique renvoie à l'incident survenu le 14 mars 2023. Un Sukhoi-27 russe est venu se placer au-dessus d'un drone Reaper d'observation américain survolant la partie internationale de la mer Noire pour larguer du kérosène sur lui. La chute de la masse liquide sur l'hélice du drone l'a endommagée, provoquant la chute de l'engin en mer. Le chasseur a ainsi détruit un drone américain de 30 millions de dollars qui récoltait à partir d'un espace international des informations sur les forces russes destinées à l'armée ukrainienne. Le général américain Mark Miley a protesté : « *Nous savons que l'interception était délibérée, nous savons que le comportement agressif était délibéré, nous savons aussi que ce n'était pas professionnel et que c'était dangereux.* » Toutefois le général a choisi ce ton modéré pour éviter le risque d'escalade lié à ce genre d'incident. Certes le Reaper avait le droit d'évoluer dans l'espace international puisque celui-ci est juridiquement accessible à tous. Cependant son activité d'espionnage électronique au profit des Ukrainiens en faisait un cobelligérant *de facto* sinon *de jure*.

Chapitre III

Expansion de l'Otan

L'expansion galopante de l'OTAN et de l'Union européenne à l'Est se fit au mépris de l'inquiétude grandissante de Moscou. La guerre de haute intensité qui ravage Ukraine est la résultante de cet aveuglement.

L'ogre otanien

La défaite du bloc soviétique ne tarda pas à plonger Washington dans un état d'ébriété impériale. Il lui fallait avaler toute l'Europe de l'Est et, pourquoi pas, la Russie. Les Grecs de l'antiquité appelaient cela l'*Ubris* (la démesure). Aussi, après la chute de l'URSS, l'OTAN ne cessa-t-elle de s'étendre à l'est, intégrant les pays de l'ancienne orbite soviétique : 1999 : Hongrie, Pologne, Tchéquie ; 2004 : Estonie, Lettonie, Lituanie, Roumanie, Bulgarie, Slovaquie, Slovénie ; 2009 : Albanie, Croatie ; 2017 : Monténégro ; 2020 : Macédoine du Nord. 2023 : Finlande. L'OTAN compte 31 États membres. Mais l'ogre n'est pas rassasié. Il est prêt à en avaler d'autres.

Parallèlement, l'Union européenne s'est elle aussi étendue à l'Est, vivement encouragée en cela par Washington : aux côtés de l'OTAN, elle est l'autre courroie de transmission des États-Unis sur le continent européen. Ils parrainèrent (notamment par l'entremise de Jean Monnet) « la construction européenne » dès ses prémices constituées par la Communauté du charbon et de l'acier (CECA) entrée en vigueur en 1952. Washington voulait un protectorat américain, et non pas une puissance rivale pourvue d'autonomie militaire et stratégique. Il n'était pas question d'une « Europe de la Défense » ne relevant que d'elle-même.

Ainsi l'article 42 du traité sur l'Union européenne indique docilement que les engagements de ses propres États membres vis-à-vis de l'OTAN priment ceux résultant de la Politique européenne commune de défense et de sécurité : « *Les engagements et la coopération dans ce domaine demeurent conformes aux engagements souscrits au sein de l'Organisation du traité de l'Atlantique Nord qui reste, pour les États qui en sont membres, le fondement de leur défense collective et l'instance clé de sa mise en œuvre.* » C'est dans cet esprit que Washington s'efforce d'intégrer à l'OTAN les pays candidats à l'entrée dans l'UE avant qu'elle ne les admette en son sein.

En 2004, l'UE a moissonné l'entrée de sept pays ex-communistes : Slovaquie, Slovénie, Lituanie, Lettonie, Estonie, Tchéquie, Hongrie. Et de trois autres l'année suivante : Bulgarie, Roumanie, Croatie. En matière d'élargissement à l'est, l'année 2004 fut intense à la fois pour l'OTAN et l'UE. Cinq pays du bloc de l'Est ont intégré simultanément les deux organisations : Estonie, Lettonie, Lituanie, Slovaquie, Slovénie.

La guerre commencée le 24 février 2022 a dopé la dynamique intégratrice de l'OTAN. En mars 2023, tous les États membres ont ratifié l'intégration de la Finlande, dont la frontière avec la Russie court sur 1 340 km. La Finlande a renoncé à la précieuse neutralité vis-à-vis de l'URSS contractualisée au sortir de la Seconde Guerre mondiale, appelée « finlandisation ». L'attaque de l'Ukraine par la Russie l'a précipitée dans les bras de l'OTAN.

La Suède veut en faire autant. Elle est l'un des pays de l'UE (avec la Finlande, l'Autriche, l'Irlande, Chypre et Malte) qui ne sont pas encore membres de l'OTAN. Depuis la fin des guerres napoléoniennes, la Suède a cultivé une tradition de neutralité dans les relations internationales. Elle lui a évité de s'engager dans les deux guerres mondiales et d'être envahie. Comme la Suisse, neutre elle aussi. Et la Suède s'en est tenue à une appartenance minimaliste à l'UE, puisqu'elle a refusé par référendum d'adopter l'euro en 2003. Toutefois son intégration à l'OTAN reste en suspens à cause du veto turc lié à son refus d'expulser les Kurdes présents sur son sol.

L'Irlande occupe une position de neutralité. Mais elle s'est quand même rapprochée de l'OTAN, à laquelle elle prête ses militaires pour certaines opérations, en Yougoslavie par exemple. La neutralité de l'Autriche est plus affirmée. Occupée par les vainqueurs de la Seconde Guerre mondiale, elle a obtenu leur départ par le « traité d'État » du 15 mai 1955 en contrepartie, exigée par Moscou, du statut de neutralité internationale. Cette même année l'Autriche a inscrit sa neutralité – «*permanente et perpétuelle*» – dans le marbre d'une loi constitutionnelle. Ce qui lui vaut divers avantages. Comme celui d'héberger des organisations telles que l'Agence internationale de l'énergie atomique (AIEA).

Jusqu'à nouvel ordre, Vienne ne renonce pas à sa neutralité pour intégrer l'OTAN : elle lui confère une légitimité d'arbitre international.

Autre pays de l'UE accroché à son statut de neutralité : Malte. Il est adapté à sa situation géographique au carrefour des civilisations méditerranéennes. Quant à Chypre, elle est dans l'impossibilité d'adhérer à l'OTAN parce que la Turquie, pourtant membre de l'organisation atlantique, occupe militairement son tiers nord depuis 1974. Cette situation de conflit non résolu entre les deux pays est juridiquement dirimante.

Sept pays de l'OTAN ne sont pas dans l'UE

Washington s'attache à effacer les différences de périmètre entre l'OTAN et l'UE afin de renforcer son hégémonie. Vingt-deux pays de l'Alliance atlantique sont membres de l'UE. Mais sept autres n'y sont pas, bien que situés en Europe (en admettant que la Turquie soit européenne alors que 90 % de son territoire est en Asie). Soucieux d'un emboîtement parfait, Washington encourage l'intégration à l'UE de la Turquie, membre important de l'OTAN. Mais Bruxelles a fini par renâcler à cause du blocage des opinions publiques européennes effrayées par la masse des 85 millions de Turcs musulmans et des populations turcophones d'Asie centrale qui lui sont proches.

En revanche, Bruxelles travaille activement à l'intégration à l'UE des membres balkaniques de l'OTAN que sont l'Albanie, le Monténégro et la Macédoine du Nord.

L'Islande et la Norvège, bien que membres de l'OTAN, répugnent à intégrer l'UE. Quant au Royaume-Uni, cofondateur de l'OTAN, il est sorti de l'UE par référendum au grand dépit de Washington le 31 janvier 2020. Les membres otaniens de l'Amérique du Nord (États-Unis et Canada) ne sont pas, bien sûr, membres de l'UE.

Les Révolutions de couleur

Washington s'acharne à tenter d'élargir toujours plus l'OTAN vers l'Est, en lien avec l'UE. La révolution de Maïdan de février 2014 a mis en lumière cette synergie. L'Euromaïdan avait préparé l'événement. Ce nom désigne les manifestations ayant éclaté après que le président ukrainien Victor Ianoukovytch, dans une soudaine volte-face, eût refusé de ratifier un accord d'association négocié avec l'UE. L'Ukraine, en récession de près de 2 %, frôlait la cessation de paiements. Malgré cela, l'UE lui avait refusé un prêt de 20 milliards €, ne voulant sans doute pas conforter un président «*pro-russe*». Au contraire, la Russie avait fait des offres alléchantes : un prêt de 15 milliards, la diminution du prix du gaz et la levée des barrières douanières. L'économie ukrainienne dépendait trop de la Russie pour que Ianoukovytch se privât de son aide.

Attisé en sous-main par la CIA et les nombreuses ONG sous son contrôle, l'Euromaïdan conduisit à la révolution sanglante du 22 février 2014. Victoria Nuland, secrétaire d'État assistante du gouvernement Obama pour l'Europe et l'Asie, pilota le soulèvement au mépris des inquiétudes européennes. «*Fuck the Europe!*» [L'Europe, on la baise!] s'exclama-t-elle au cours d'une conversation téléphonique (piratée) avec l'ambassadeur des États-Unis à Kiev. S'ensuivirent la fuite et la destitution du président (démocratiquement élu) Ianoukovytch. Et l'installation d'un nouveau gouvernement comportant une Américaine, Natalia Jaresko, au portefeuille des Finances et Arseni Iatseniouk, favorable à l'entrée de l'Ukraine dans l'OTAN, comme Premier ministre. Deux ans plus tard, une autre personnalité pro-occidentale, Volodymyr Groïsman, lui succéda. L'Ukraine était passée sous domination américaine. Sa vocation de pont entre la Russie et l'Europe était ruinée.

La révolution ukrainienne de 2014 s'inscrivit dans la succession des « révolutions de couleur » qui éclatèrent en Eurasie entre 2000 et 2006, encouragées, encadrées et financées par l'Occident. La première fut la « Révolution des bulldozers » en 2000, activement soutenue par les Américains, qui renversa le président serbe Slobodan Milosevic. Puis en 2003, la « Révolution des roses » en Géorgie provoqua le remplacement de l'ex-ministre soviétique des Affaires étrangères Édouard Chevardnaze par Mikheil Saakachvili, un protégé de Washington, à la tête du pays.

En 2004, la « Révolution orange » en Ukraine, ancêtre de celle de 2014, conduisit à l'annulation des élections et à la tenue de nouvelles. Elles écartèrent du pouvoir Victor Ianoukovytch (alors Premier ministre) favori de Moscou, au profit de Victor Iouchtchenko, meneur de la révolution soutenu par Washington. En 2005, la « Révolution des tulipes » chassa du pouvoir le président kirghiz prorusse Askar Akaïev, remplacé par un nationaliste beaucoup plus distant vis-à-vis de Moscou, Kourmanbek Bakiev. Il quitta le pouvoir en 2010.

Pour galvaniser les révolutions de couleur, Washington utilise la CIA et l'*United States Agency for International*

Development (USAID) qui est l'agence du gouvernement américain chargée du développement économique et de l'assistance humanitaire dans le monde. Mais aussi un chapelet d'ONG et de fondations telles que l'*Open Society Institute* (OSI) du célèbre milliardaire Georges Soros ou le *National Endowment for Democraty* (NED)...

Bien sûr, la corruption endémique, la mauvaise gouvernance, le népotisme et la soif de libertés composent habituellement le cocktail détonant de ces révolutions. Néanmoins, Washington les a méthodiquement attisées. Craig Roberts, ancien secrétaire adjoint au Trésor de l'administration Reagan, a accusé la Fondation Soros et le gouvernement américain de soutenir et même « *d'organiser les révolutions* » dans le but de « *servir les intérêts occidentaux* ».

2007 : l'avertissement de Poutine

L'extension de l'OTAN à l'Est a fini par exaspérer Vladimir Poutine, lui qui avait lancé en vain plusieurs avertissements. Il exprima une froide colère à la conférence de Munich sur la sécurité le 10 février 2007. Le président russe évoqua « *les bases américaines de première ligne flexibles avec jusqu'à cinq mille hommes chacune. Il s'avère que l'OTAN a placé ses forces de première ligne à nos frontières, et nous continuons à remplir strictement les obligations du traité et ne réagissons pas du tout à ces actions. Je pense qu'il est évident que l'élargissement de l'OTAN n'a aucun rapport avec la modernisation de l'Alliance elle-même ou avec la garantie de la sécurité en Europe. Au contraire, cela représente une provocation sérieuse qui réduit le niveau de confiance mutuelle. Et nous sommes en droit de nous demander : contre qui cette expansion est-elle effectuée ? Et qu'est-il advenu des assurances données par nos partenaires occidentaux après la dissolution du Pacte de Varsovie ? Personne ne se souvient même d'elles. Mais je me permettrai de rappeler à cet auditoire ce qui a été dit. Je voudrais citer le discours du secrétaire général de l'OTAN, monsieur Manfred Woerner, à Bruxelles le 17 mai 1990. Il avait déclaré à l'époque que* le fait que nous soyons prêts à ne pas placer une armée de l'OTAN en dehors du territoire allemand donne à l'Union soviétique une garantie ferme de sécurité ».

L'avertissement était clair : stop à l'extension de l'OTAN à l'Est. Poutine voulait une architecture de sécurité en Europe, élaborée en bonne intelligence avec les partenaires occidentaux, au premier rang desquels bien sûr les États-Unis. Mais Washington n'était pas sur cette longueur d'onde. Pas question de « multipolarité » et de « multilatéralisme », de partage du pouvoir avec la Russie. Les milieux gouvernementaux américains suivaient la feuille de route écrite par Brzezinski dans son « *Grand échiquier* » : contrôler le *Heartland*. Et couper les liens entre l'Europe et la Russie pour tuer leur synergie, si redoutée et déjà trop développée.

L'Ukraine à feu et à sang

Août 2008 : poussé par Washington, le président géorgien Mikheil Saakachvili lança imprudemment son armée contre l'Ossétie du Sud. La grande majorité de ses habitants avaient un passeport russe et un vent d'irrédentisme y soufflait. Moscou envoya ses troupes. Au terme d'une courte guerre, la Géorgie perdit ses provinces d'Ossétie du

Sud et d'Abkhazie, devenues indépendantes sous protection russe.

Par la suite les rapports entre la Russie et l'Occident n'ont cessé de s'envenimer. Six ans après la crise géorgienne, la poussée occidentale à l'Est provoqua une nouvelle réaction militaire russe : l'investissement de la Crimée, majoritairement prorusse, par « les petits hommes verts » le 27 février 2014. Ces soldats russes habillés en vert sans insignes distinctifs étaient envoyés par Moscou en réaction à la révolution de Maïdan. Ensuite le rattachement de la Crimée à la Russie fut voté à 96,8 % lors d'un référendum d'autodétermination.

En avril 2014 éclata la guerre du Donbass à l'est de l'Ukraine. Ce conflit qui dura huit ans et fit 13 000 morts opposa les milices des républiques sécessionnistes de Lougansk et de Donetsk à l'armée ukrainienne. Cela malgré les accords de Minsk I (septembre 2014) et II (février 2015). François Hollande, Angela Merkel, le président ukrainien Petro Porochenko, Vladimir Poutine et des représentants des Républiques populaires de Donetsk et de Lougansk furent les signataires de Minsk II. L'accord prévoyait notamment une zone tampon élargie et une large autonomie administrative et linguistique de Donetsk et de Lougansk. Mais il resta lettre morte, Kiev refusant de l'appliquer. Les hostilités reprirent entre ses troupes et les milices des provinces sécessionnistes (aidées par la Russie) qu'elles bombardèrent pendant huit ans. Merkel et Hollande, qui s'étaient portés garants de l'accord de Minsk II, ne firent rien pour le faire respecter. Tous les deux ont récemment avoué qu'ils l'avaient signé dans le seul but de faire gagner du temps à l'Ukraine pour mettre son armée à niveau… Ce qu'elle fit à grand renfort d'instructeurs militaires et d'armements de l'OTAN. L'idée était donc bien que l'armée ukrainienne, au terme de cette préparation, attaque la Russie.

Le 24 février 2022, Moscou lança ses troupes contre l'Ukraine en anticipant un assaut de Kiev dont l'imminence était attestée par la concentration de ses forces à l'est du pays.

Secondé par le Royaume-Uni, Washington avait formé et équipé l'armée ukrainienne pendant huit ans afin de déclencher une guerre avec la Russie et d'éreinter son armée et son économie, visée par des rafales de sanctions. Mais les événements ont pris une tournure que n'avaient pas imaginée les Occidentaux. L'économie russe s'adapte. Elle se réoriente vers les BRICS, dont la Chine et l'Inde. Ses exportations accrues de céréales et celles d'hydrocarbures redirigées vers l'Inde et la Chine financent son industrie de guerre. L'Occident peine à soutenir le rythme d'approvisionnement en armes et en munitions requis par cette guerre de haute intensité. Les Russes contrôlent près de 20 % du territoire ukrainien. Cette guerre d'attrition s'installe dans la durée, à l'avantage de la Russie forte de ses 145 millions d'habitants et de ses 17 millions de km^2 en face d'une Ukraine de 40 millions d'habitants réduits à 30 par un exode massif. L'OTAN croyait épuiser la Russie au moyen du sang ukrainien. C'est la Russie qui épuise l'OTAN, avec le soutien logistique de l'Iran et de la Corée du Nord et l'appui politique de la Chine. Autre donnée imprévue de l'équation : l'esprit de sacrifice russe. Le général Zajoulny, commandant en chef de l'armée ukrainienne, confiait son désarroi à l'hebdomadaire britannique *The Economist* début novembre 2023. La contre-offensive ukrainienne est « *dans l'impasse* ». Il avait cru qu'il arrêterait l'armée russe en lui infligeant des pertes énormes. « *C'était mon erreur. La Russie a perdu au moins 150 000 hommes. Dans n'importe quel autre pays, de telles pertes auraient mis fin à la guerre.* » Zajoulny voit que le temps joue contre l'Ukraine. « *Le plus grand risque d'une guerre de tranchée est qu'elle s'éternise pendant des années et qu'elle épuise l'État ukrainien.* »

Ukraine : les risques de dérapage incontrôlé

Bien que Washington souhaite éviter un affrontement direct entre l'OTAN et la Russie risquant d'entraîner une Troisième Guerre mondiale, l'hyperconcentration des forces en présence multiplie les risques de dérapage liés à une défaillance technique ou une erreur humaine. Ces risques pourraient augmenter avec la fourniture à l'Ukraine d'armes de plus en plus sophistiquées pour pallier à l'échec de sa contre-offensive de 2023. Notamment des avions F16 américains capables de tirer des missiles à longue portée dans la profondeur du territoire russe. Enlisés dans cette guerre d'usure, avec des troupes exsangues et une nécessaire mobilisation de 400 ou 500 000 hommes supplémentaires qui s'annonce difficile, les Ukrainiens pourraient déraper à cause de l'épuisement nerveux. Ou alors dans l'intention délibérée de généraliser le conflit pour amener les États-Unis à intervenir directement contre les Russes.

Dans un conflit de haute intensité comme celui-là, un événement générateur d'escalade peut surgir à tout moment.

Un premier incident eut lieu le 15 novembre 2022 : à 15 h 40, un missile tomba dans le village polonais de Przewodrow, dans le sud-est du pays, non loin de la frontière ukrainienne, tuant deux paysans. L'événement se produisit au milieu d'une pluie de missiles russes sur des infrastructures énergétiques et des villes dans l'ensemble du territoire ukrainien. Aussitôt des médias et responsables polonais accusèrent Moscou, qui réfuta. Zelensky surenchérit : « *Aujourd'hui, des missiles russes ont frappé la Pologne, le territoire d'un pays allié. Des gens sont morts. Nous devons agir.* » Peu après 22 heures, le gouvernement polonais annonça « *relever le niveau d'alerte de certaines unités de combat et d'autres personnels en uniforme.* » Toutefois, à 0 h 40, le président polonais, Andrzej Duda, appela au « *calme* » tout en parlant d'un missile « *de fabrication russe* » (les Ukrainiens en avaient beaucoup). À 3 heures, le président Biden fit une déclaration décisive dans le cadre d'une réunion du G7 en Indonésie : il est « *improbable* » que le missile ait été tiré depuis la Russie. La température commença à redescendre. À 3 h 30, l'ONU appela tout de même à « *éviter l'escalade* ». Dans la matinée, des sources américaines évoquèrent « *un tir de missile ukrainien sur un missile russe entrant* » qui aurait manqué sa cible et se serait égaré en Pologne. À 11 heures, Dimitri Preskov déclara : « *En l'occurrence, il faut noter la réaction pleine de retenue et plus professionnelle de la partie américaine* ». Il dénonça l'« *hystérie* » de « *hauts responsables de plusieurs pays* ». À 13 heures, la Pologne et l'OTAN évoquèrent un accident venant de la défense ukrainienne.

Le danger d'escalade était écarté, l'affaire était close. Ce ne fut pas du goût de Zelensky. Il jeta de l'huile sur le feu pour essayer de le ranimer : « *Je n'ai aucun doute que ce missile n'était pas à nous. Je crois que c'était un missile russe, conformément au rapport des militaires ukrainiens.* » À 18 h 45, la Maison-Blanche infirma l'accusation de Zelensky. Ce dernier réitéra ses accusations un peu plus tard. Ce fut en vain, mais son obstination choqua beaucoup de monde.

En effet, s'il avait été établi que les Russes avaient délibérément attaqué la Pologne, ce serait tombé sous le coup de l'article 5 de la charte de l'OTAN mettant en jeu la solidarité entre tous ses membres au cas où l'un d'entre eux est attaqué. La frénésie accusatoire de Zelensky a témoigné de sa volonté de généraliser le conflit. À une défaillance technique (un missile ukrainien d'une batterie antiaérienne S300 se déroutant accidentellement vers un pays de l'OTAN) s'ajoutait la déraison d'un chef d'État à bout de nerfs. Heureusement le sang-froid prévalut à Washington.

Un autre événement faillit entraîner une escalade : un incident aérien relaté par le New York Times. L'information venait de documents classifiés du Pentagone sur la guerre en Ukraine divulgués par un informaticien de 21 ans, Jack Texeira (promptement identifié et incarcéré). Le 29 septembre 2022, un imposant Boeing RC-135w de la Royal Air Force (RAF), avion d'observation pouvant compter près de 30 membres d'équipage, patrouillait dans l'espace aérien international au-dessus de la mer Noire. Il effectuait une mission d'observation dans le cadre de l'OTAN. Deux Sukhoï-27 russes se portèrent à sa rencontre. Le pilote de l'un des deux chasseurs entreprit d'abattre l'avion britannique. Il pressa le bouton de tir d'un missile, mais le mécanisme se bloqua et le coup ne partit pas. Cette défaillance technique évita d'anéantir l'avion et son équipage, ce qui eût été une tragédie. Pourquoi le pilote russe voulut-il attaquer le Boeing de l'OTAN ? À cause d'un malentendu avec son opérateur au sol : il avait cru recevoir de ce dernier l'ordre de l'abattre. La mauvaise compréhension d'un message radio aurait pu entraîner le pire, qui fut évité grâce au hasard d'une panne technique. Dans une guerre moderne de haute intensité, une petite erreur peut entraîner des conséquences énormes.

« Défenseur inébranlable » : l'escalade otanienne

L'armée ukrainienne est enlisée. Elle est à court de matériel et les Occidentaux ne parviennent pas à lui fournir tout ce dont elle a besoin. Elle est aussi à court d'hommes et elle a beaucoup de difficultés à enrôler 500 000 nouvelles recrues. L'Ukraine est à la merci d'une contre-offensive russe au printemps et à l'été prochain. Alors l'OTAN vient à son secours. Dès la fin janvier, l'organisation atlantique a entrepris de déployer 90 000 soldats, 50 navires de guerre, 80 aéronefs, plus d'un millier de véhicules terrestres de l'Atlantique à son flanc Est. Nom de l'opération : « Défendeur inébranlable ». Il faut remonter à 1988 pour trouver des manœuvres otaniennes d'une telle ampleur. Cet exercice va durer des mois. Il vise à intimider la Russie (sans la nommer) pour la dissuader de pousser son avantage en Ukraine. Selon le porte-parole par intérim de l'OTAN, Dylan Whyte, la guerre en Ukraine a créé « *la situation la plus dangereuse que l'Europe ait connue depuis des décennies* ». Rob Bauer, le chef du comité militaire de l'OTAN, surenchérit : « *Les plaques tectoniques géopolitiques sont en train de bouger. Si bien que nous nous retrouvons dans un monde qui n'a pas été aussi dangereux depuis des décennies*».

Que se passera-t-il si la Russie lance sa contre-offensive en Ukraine ? L'OTAN entrera-t-il en guerre contre elle ? Le président Biden veut-il déclencher l'affrontement avant l'arrivée (probable) de Donald Trump à la Maison-Blanche en janvier prochain de façon à le mettre devant le fait accompli ? Les tambours de la guerre résonnent de plus en plus fort...

Les engrenages infernaux : le précédent de 1914

«*Nous marchons vers la guerre comme des somnambules*», écrivait Henri Guaino dans le Figaro du 15 mai 2022. Il relevait les analogies entre la situation internationale engendrée par la guerre en Ukraine et celle de l'Europe en juillet 1914, à l'orée de la Première Guerre mondiale qui fit 20 millions de morts. Il a emprunté sa formule à l'historien australien Christopher Clark, auteur de *Les somnambules, été 1914 : comment l'Europe a marché vers la guerre*. Henri Guaino relate un fait éloquent : «*Dès le 7 septembre 1914, après seulement un mois de guerre, le chef du grand état-major allemand qui avait tant plaidé pour que l'Allemagne attaquât avant d'être attaquée écrivait à sa femme*: quels torrents de sang ont coulé... J'ai l'impression que je suis responsable de toutes ces horreurs et pourtant je ne pouvais faire autrement.»

Juillet 1914 : l'été était magnifique, la France insouciante. C'était la Belle Époque. Aucune menace de guerre en vue. Légère ombre au tableau : l'assassinat de l'archiduc d'Autriche François-Ferdinand (héritier du trône) et de son épouse le 28 juin dernier à Sarajevo, chef-lieu d'une province de l'Empire austro-hongrois, la Bosnie. L'auteur de l'attentat était Gavril Princip, un étudiant nationaliste serbe de Bosnie qui voulait le rattachement de celle-ci à la Serbie. Cet événement lointain ne semblait pas devoir entraîner une crise internationale de grande ampleur. Après tout, ce n'était qu'une crise balkanique de plus. Une affaire interne à l'empire des Habsbourg qui n'affecterait pas les relations franco-allemandes, épicentre des menaces en Europe.

D'autant plus que cette crise balkanique n'était pas la première. En 1912-1913, il y en avait eu une bien plus sévère, en deux phases appelées Guerres balkaniques. La première s'était déroulée en 1912. Une coalition comprenant la Bulgarie, la Serbie et la Grèce avait vaincu l'Empire ottoman et libéré ses provinces balkaniques. Puis, se jugeant lésée dans le partage des dépouilles, la Bulgarie s'était retournée contre ses alliés, déclenchant la Seconde Guerre balkanique.

Plus loin dans le temps, en 1911, une grave crise franco-allemande, celle d'Agadir, avait fait trembler l'Europe. Une canonnière allemande, la *Panther*, était venue narguer la France dans ce port marocain. Paris considérait le royaume chérifien comme sa chasse gardée et surveillait depuis plusieurs années les tentatives allemandes d'y organiser un soulèvement contre lui. Cette fois déjà, on avait craint le démarrage d'une guerre franco-allemande.

Et encore avant, il y avait eu la crise de Tanger… Le 31 mars 1905, l'empereur Guillaume II était venu au Maroc pour lancer un appel en faveur de la souveraineté de ce pays. Une insulte à la France… Mais le choc franco-allemand tant redouté ne s'était pas produit : l'année suivante, la conférence d'Algésiras avait mis fin à cette crise en plaçant le Maroc sous contrôle des puissances européennes.

Cette succession d'heureux dénouements avait fini par tranquilliser l'opinion. En cet été 1914, personne n'imaginait que l'assassinat de l'archiduc François-Ferdinand d'Autriche déclencherait une guerre mondiale.

Mais voilà, cette fois-ci une mécanique infernale se déclencha. Vienne croyait que cet attentat avait été téléguidé par le gouvernement de la monarchie serbe. Gavrilo Princip et ses deux complices appartenaient à « *Jeune Bosnie* », une organisation de nationalistes serbes de Bosnie-Herzégovine. Ils avaient été approvisionnés en armes par une organisation nationaliste serbe, la Main noire. Fondée en 1911, celle-ci voulait rassembler dans un État serbe unique les territoires de l'Autriche-Hongrie (Croatie, Bosnie, Sud de la Hongrie) et de l'Empire ottoman (Macédoine, Sandjak) ayant une composante ethnique serbe, quelle que soit son importance. Pendant les guerres balkaniques, la Main noire avait infiltré l'armée serbe. Elle était devenue un État dans l'État, échappant plus ou moins au contrôle du gouvernement serbe.

Si bien qu'un malentendu se glissa entre Belgrade et Vienne. Le lieutenant-colonel Dragutin-Dimitrijevik « Apis », chef des services secrets serbes et de la Main noire, avait reçu de son gouvernement l'ordre de faire annuler le projet d'attentat. Les guerres balkaniques de 1912-1913 ayant épuisé la Serbie, le gouvernement civil de Nicolas Pasic ne voulait pas d'une nouvelle guerre, cette fois-ci avec la puissante Autriche-Hongrie. Il semble que le lieutenant-colonel Dragutin-Dimitrijevik fit la sourde oreille.

Les trois comploteurs poursuivirent leur projet d'attentat. Le Jour J, ils prirent position sur le trajet du cortège officiel. L'un d'eux lança une bombe qui manqua la voiture du couple princier et explosa sur la suivante. Prenant la fuite, Gavrilo Princip croisa par hasard l'itinéraire d'évacuation du cortège. Vif comme l'éclair, il tira les deux coups de feu mortels. Ironie du sort : l'homme qu'il venait d'abattre, l'archiduc François-Ferdinand, comptait faire droit à la demande d'autonomie des Slaves de l'Empire après avoir succédé sur le trône à l'empereur François-Josèphe, alors âgé de 84 ans…

Cet attentat survint dans un contexte de montée des tensions austro-serbes au cours des années précédentes. Vienne accusait, non sans raison, Belgrade de pousser les minorités slaves de l'Empire austro-hongrois à la rébellion pour les intégrer à « la Grande Serbie ». Et Belgrade faisait obstacle aux visées hégémoniques austro-hongroises sur les Balkans.

La situation était mûre pour dégénérer en guerre austro-serbe. Malgré l'absence de preuves sur la culpabilité gouvernementale du royaume de Serbie concernant l'assassinat de François-Ferdinand, l'Autriche-Hongrie lui déclara la guerre le 28 juillet après rejet d'un ultimatum en dix points conçu pour être inacceptable. Aussitôt se déclencha l'engrenage des alliances internationales en vigueur à l'époque. Dès le lendemain la Russie décréta la mobilisation générale pour secourir son alliée serbe. Pourquoi si vite ? La mobilisation russe prenait trois semaines vu l'immensité du territoire et la pauvreté du réseau de chemins de fer. Saint-Pétersbourg craignait que l'Autriche profite de cette lenteur pour l'envahir. Voyant la Russie mobiliser, l'Allemagne, alliée de l'Autriche, mobilisa le 1er août et, le soir même, lui déclara la guerre. Ce même 1er août la France mobilisa à son tour dans l'éventualité d'une invasion allemande. Du coup le surlendemain l'Allemagne lui déclara la guerre. Enfin le 4 août, la Grande-Bretagne, alliée de la France, déclara la guerre à l'Allemagne.

Voilà comment, en ce bel été de 1914, l'Europe se jeta en toute inconscience dans les abysses de la Première Guerre mondiale. Le hasard avait joué son rôle. L'assassinat de l'archiduc François-Ferdinand ne se serait pas produit si le contre-ordre du gouvernement serbe avait pu retenir le bras de Gavrilo Princip. Ou bien si ce dernier ne s'était pas retrouvé par hasard sur le trajet de fuite du cortège princier. Ou bien encore si son arme s'était enrayée.

La Première Guerre mondiale fut déclenchée par un accident : l'attentat de Sarajevo. Celui-ci fut l'allumette craquée dans le dépôt d'essence constitué par les mauvaises relations austro-serbes et, au-delà, par la montée des tensions entre les grandes puissances. Le feu gagna rapidement l'Europe et le monde. La plupart des guerres naissent d'un accident embrasant le combustible inflammable que sont des relations internationales sous haute tension. Il n'est souvent même pas nécessaire qu'intervienne la démence d'un dirigeant comme Hitler.

Une fois la guerre lancée, beaucoup la voyaient courte et joyeuse. « *À Berlin dans trois semaines !* » entonnaient les conscrits français dans les trains roulant vers le front. Leurs homologues allemands se voyaient à Paris tout aussi vite. La guerre franco-allemande de 1870 ayant été assez brève, on imaginait celle-ci presque à l'identique. On ne devinait pas qu'elle durerait quatre ans. Qu'elle serait mondiale. Et qu'on l'appellerait « *le suicide de l'Europe* ».

Dans son article du Figaro, Henri Guaino constatait que « *l'engrenage qui mène à la guerre* [...] *est d'abord celui par lequel chaque peuple se met à prêter à l'autre ses propres arrière-pensées, ses desseins inavoués, les sentiments que lui-même éprouve à son égard. C'est bien ce que fait aujourd'hui l'Occident vis-à-vis de la Russie et c'est bien ce que fait la Russie vis-à-vis de l'Occident. L'Occident s'est convaincu que si la Russie gagnait en Ukraine, elle n'aurait plus de limite dans sa volonté de domination. À l'inverse, la Russie s'est convaincue que si l'Occident faisait basculer l'Ukraine dans son camp, ce serait lui qui ne contiendrait plus son ambition hégémonique* ».

Henri Guaino pointait le rôle de l'extension de l'OTAN après la chute de l'Union soviétique : « *En étendant l'OTAN à tous les anciens pays de l'Est jusqu'aux pays baltes, en transformant l'Alliance atlantique en alliance antirusse, en repoussant les frontières de l'Union européenne jusqu'à celles de la Russie, les États-Unis et l'Union européenne ont réveillé chez les Russes le sentiment d'encerclement qui a été à l'origine de tant de guerres européennes. Le soutien occidental à la révolution de Maïdan, en 2014, contre un gouvernement ukrainien prorusse a été la preuve pour les Russes que leurs craintes étaient fondées. L'annexion de la Crimée par la Russie et son soutien aux séparatistes du Donbass ont à leur tour donné à l'Occident le sentiment que la menace russe était réelle et qu'il fallait armer l'Ukraine, ce qui persuada la Russie un peu plus que l'Occident la menaçait. L'accord de partenariat stratégique conclu entre les États-Unis et l'Ukraine le 10 novembre 2021, scellant une alliance des deux pays dirigée explicitement contre la Russie et promettant l'entrée de l'Ukraine dans l'OTAN, a achevé de convaincre la Russie qu'elle devait attaquer avant que l'adversaire supposé soit en mesure de le faire. C'est l'engrenage de 1914 dans toute son effrayante pureté.* »

L'inquiétude de Guaino rejoint celle d'autres personnalités telles que Mikhaïl Gorbatchev, qui reçut le Prix Nobel de la paix en 1990 et disparut le 30 août 2022. Il mit en œuvre la *Perestroïka* lorsqu'il dirigea l'URSS de 1985 à 1991. Grâce à lui la disparition du géant soviétique eut lieu sans bain de sang. Par la suite lui qui était un grand ami de l'Occident a multiplié les mises en garde concernant l'élargissement de l'OTAN à l'Est. Le 24 décembre 2021, dans une interview donnée à l'agence de presse Ria Novosti à l'occasion du trentième anniversaire de la fin de l'URSS, Gorbatchev dénonça le « *triomphalisme* » des États-Unis. Cet homme au tempérament pacifique et au langage habituellement modéré exprima une sainte colère : « *Ça leur est monté à la tête, l'arrogance, l'autosatisfaction, ils se sont proclamés vainqueurs dans la Guerre froide alors qu'on avait sauvé ensemble le monde de la confrontation.* » Auparavant, en novembre 2014, lors de la commémoration en Allemagne du 25e anniversaire de la chute du Mur de Berlin, Gorbatchev avait défendu dans une interview de l'agence de presse russe Interfax la position de Moscou alors que les séparatistes russes s'étaient emparés de la Crimée. Dénonçant l'ingérence américaine en Ukraine, il avait déclaré : « *Je suis absolument convaincu que Poutine défend aujourd'hui mieux que quiconque les intérêts de la Russie.* » Il désapprouvait les sanctions occidentales. « *Pour dire franchement les choses* (l'Amérique) *nous entraîne dans une nouvelle guerre froide.* [...] *Je ne suis pas en mesure de déclarer avec assurance que la guerre froide ne va pas tourner en une véritable guerre.* » En 2016, il déclarait au *Sunday Times* : « *Je suis toujours favorable à la libre volonté du peuple et la majorité des habitants de Crimée voulaient être réunis avec la Russie.* » Gorbatchev prônait le maintien de la paix en Europe et dans le monde par l'équilibre des puissances.

Henry Kissinger lui aussi. Ce virtuose de la *Realpolitik* avait été l'artisan, à partir de 1971, du rapprochement entre les États-Unis et la Chine de Mao afin d'encercler l'Union soviétique. Kissinger avait joué sur la volonté de Pékin de s'affranchir de la tutelle de Moscou, qui dominait le camp marxiste à l'époque. Il admirait Klemens von Metternich, qui dirigea la diplomatie autrichienne de 1809 à 1848. Ce visionnaire joua un rôle déterminant au Congrès de Vienne de 1814-1815 qui organisa l'ordre européen au sortir des guerres napoléoniennes selon un principe fondamental : le maintien de la paix par l'équilibre des puissances. L'inverse de l'hégémonisme agressif du Premier Empire. Kissinger en fit le sujet de sa thèse de doctorat.

Toujours soucieux du maintien de l'équilibre des puissances à des fins pacifiques, Kissinger multiplia les mises en garde contre les risques de l'expansion de l'OTAN à l'Est comme celle-ci en 2014 : « *Si l'Ukraine doit survivre et prospérer, elle ne doit pas être l'avant-poste de l'une des parties contre l'autre. Elle doit être un pont entre elles. L'Occident doit comprendre que pour la Russie l'Ukraine ne pourra jamais être un simple pays étranger* ».

Au cours des dernières années de sa vie (il est décédé en 2017), le bouillonnant Brezinski, pourtant d'origine polonaise catholique, s'éloigna de la ligne antirusse de son livre « *Le Grand échiquier* » de 1997. L'ascension fulgurante de la Chine et l'agressivité antiaméricaine de Xi Jiping arrivé à la tête du pays en 2012 l'avaient peut-être conduit à méditer cette maxime du chancelier Bismarck : « *Quand on est trois, il faut être l'un des deux* ».

Mais les appels des uns et des autres à la modération sont restés vains. Impulsé par les États-Unis, l'élargissement de l'OTAN à l'Est a fait basculer la Russie dans le camp de la Chine. Les États-Unis ne sont plus « *l'un des deux* »…

Chapitre IV

Sabotage américain des gazoducs Nord Stream

L'acharnement américain à briser les liens entre Européens et Russes a conduit au sabotage des gazoducs sous-marins Nord Stream dans la Baltique. Il en est résulté un grave préjudice économique pour l'Allemagne et divers pays européens.

Les révélations de Seymour Hersh

La construction de gazoducs reliant les gisements gaziers russes aux sites de consommation européens a toujours ulcéré les Américains. Déjà, en 1982, sous Reagan, les Américains sabotèrent un gazoduc sibérien acheminant du gaz vers l'Europe. Ils avaient vendu aux Russes des éléments informatiques nécessaires à sa fabrication, en y intégrant un élément destiné à déclencher une explosion différée dans le temps. Washington fit constamment pression sur l'Allemagne pour l'empêcher de s'approvisionner en gaz russe. Motif invoqué : lui éviter une périlleuse dépendance énergétique à l'URSS dans le cadre de la Guerre froide. Bien que la chute du régime communiste eût rendu caduc l'argument idéologique, l'hostilité américaine aux approvisionnements en gaz russe de l'Allemagne resta entière.

Le point d'orgue en fut le sabotage des gazoducs Nord Stream en septembre 2022 en mer Baltique. Une brillante réalisation de la CIA et de l'US Navy aidés par des Norvégiens, comme l'a révélé Seymour Hersh. Ce journaliste d'investigation américain de renommée mondiale, titulaire du prix Pulitzer, explique que des néo-conservateurs de l'entourage de Joe Biden ont été à l'origine du sabotage. Le secrétaire d'État, Anthony Blinken, la sous-secrétaire d'État aux Affaires politiques, Victoria Nuland (qui avait dit « *Fuck Europe* ! »), et Jack Sullivan, conseiller à la Sécurité, ont persuadé le président américain d'ordonner la destruction des Nord Stream 1 et 2. Moscou les avait mis certes à l'arrêt, en réponse à l'embargo occidental. Mais il s'agissait d'empêcher leur (coûteuse) remise en fonctionnement en fâchant définitivement l'Allemagne avec son principal fournisseur de gaz, la Russie. Et l'obliger à se tourner vers le gaz de schiste américain, alors qu'il est désastreux pour l'environnement et au moins trois fois plus cher que le gaz russe. Avec, de surcroît, un avantage énorme pour l'économie américaine : l'industrie allemande sera condamnée à déménager ses usines aux États-Unis où le gaz destiné à la consommation locale est vendu à des prix très inférieurs à ceux de l'export. Un siphonnage industriel renforcé par l'*Inflation Act* promulgué en 2022 qui octroie des avantages décisifs aux entreprises produisant sur le sol américain. D'autres industries européennes, frappées à divers degrés par la hausse des prix de l'énergie, seront entraînées dans ce vortex étatsunien. Le coulage industriel allemand et européen offrira un avantage compétitif phénoménal à l'industrie américaine.

Hersh a précisé les phases du sabotage. Les opérations ont commencé en juin 2022. À la faveur des manœuvres navales de l'OTAN en mer Baltique nommées «*Baltic operation 22*», des plongeurs d'élite américains dotés d'équipements hautement performants et secondés par des Norvégiens entrèrent en action. Ils fixèrent des explosifs sur la gaine en béton de 11 centimètres d'épaisseur protégeant les pipelines aux parois d'acier de 4 centimètres d'épaisseur gisant sur le sol marin à 80 mètres de profondeur dans des eaux glaciales. Étape suivante: télécommander les explosions. Ce que fera le 26 septembre 2022 un avion norvégien: il jettera à la mer une bouée sonar qui, une fois qu'il se sera éloigné, transmettra aux charges installées depuis juin un signal déclenchant leur explosion. Résultat: trois des quatre tuyaux ont été mis hors service.

Il eût été impossible à un bateau russe de réaliser une opération aussi complexe dans les zones d'expansion économique (ZEE) danoise et suédoise sans être remarqué par les marines et les satellites occidentaux. Il ne se produit aucun mouvement dans ce lac otanien qui ne soit aussitôt repéré par les Occidentaux.

Les Russes auraient pu agir à l'intérieur des gazoducs en utilisant les drones de vérification des tuyaux chargés de 700 kg d'explosifs. Mais les enquêteurs suédois, danois et allemands auraient trouvé les débris de ces drones. Ce ne fut pas le cas.

Jens Stoltenberg, le patron de l'OTAN, était forcément au courant de cette opération. Le gouvernement norvégien aussi. Ils sont complices d'une agression scandaleuse contre un allié otanien. Devant le fait accompli, Scholz s'est tu. Washington n'aurait pas osé un tel forfait sous le règne d'Angela Merkel, dont le caractère bien trempé était connu. Elle avait résisté aux brutales injonctions américaines de renoncer à la construction de Nord Stream 2. Et elle avait protesté à plusieurs reprises en apprenant que la National Security Agency (NSA), surnommée «*les Grandes Oreilles*» américaines, espionnait son téléphone portable: «*Normalement, entre alliés, ce genre de choses ne se fait pas*», avait-elle dit publiquement. Pourtant, ces écoutes étaient une peccadille au regard du sabotage des Nord Stream.

Omerta occidentale sur l'identité des auteurs du sabotage

D'emblée et d'une seule voix, médias et gouvernements occidentaux accusèrent les Russes du sabotage: ceux-ci auraient voulu priver de gaz les Européens. Hypothèse absurde: ils auraient saboté leurs propres gazoducs construits à grands frais quand il leur suffisait d'en fermer les robinets pour les rouvrir à la faveur d'un éventuel retournement diplomatique. Et, en attendant, de conserver une carte dans leur jeu pour négocier avec les Européens.

Autre motif invoqué par les Occidentaux: les Russes auraient voulu démontrer leur capacité à détruire des équipements sous-marins, en l'occurrence des gazoducs, qui auraient pu être des câbles Internet. Cela ne tient pas non plus : les Occidentaux connaissaient les capacités techniques des Russes en cette matière sans avoir besoin d'une telle démonstration. Les marines américaine, britannique, française, sont tout aussi capables de réaliser ce genre d'opération.

Ultime argument : les Russes auraient détruit leurs gazoducs pour esquiver les pénalités de retard découlant de la rupture unilatérale de leur contrat de livraisons de gaz, fût-ce à cause des tensions diplomatiques avec l'Occident. Encore une absurdité. Dans le contexte actuel de crise, on ne voit pas comment les Européens obligeraient les Russes à payer ces amendes. Et si les gazoducs étaient remis en service après avoir été réparés suite à un retournement diplomatique européen, les bénéfices compenseraient les éventuelles pénalités de retard, au demeurant tout à fait négociables…

Les enquêteurs suédois, danois et allemands dépêchés sur les lieux ont fait justice de ce réquisitoire dénué de bon sens en déclarant n'avoir trouvé aucune preuve contre la Russie.

Si les trois équipes d'enquêteurs ont disculpé les Russes, elles n'ont toujours pas donné leurs conclusions en ce mois de mai 2023, alors qu'elles étaient censées l'avoir fait dès janvier. C'est dire leur profond embarras. Autre fait significatif : le Danemark et la Suède n'ont pas autorisé les Russes à venir enquêter dans leurs ZEE où se trouvent les deux sites d'explosions.

Après avoir accusé les Russes, la propagande s'est repliée sur une nouvelle position : « *il est impossible de savoir qui a fait le coup* ». Pourtant le nombre des pays techniquement capables de réaliser une opération aussi sophistiquée que d'envoyer des plongeurs à 80 mètres de fond pour saboter des gazoducs en acier sertis d'une épaisse couche de béton armé est très réduit : la Russie, la Chine, les États-Unis, la Grande-Bretagne, la France... Les enquêteurs ont disculpé la Russie. La Chine a d'autres chats à fouetter : sa marine est très affairée au large de ses côtes. La France ? Avide de plaire à Berlin, Paris se garderait bien de lui infliger un pareil dommage. Et la destruction des Nord Stream, en ébranlant l'économie allemande, endommage la sienne dont 40 % des débouchés sont outre-Rhin. Restent les États-Unis et leur factotum numéro un, la Grande-Bretagne. La rareté des pays capables de réussir une telle opération ridiculise l'affirmation selon laquelle deviner qui a fait le coup est une énigme insoluble. Il suffit de se demander à qui profite le crime. Réponse : les États-Unis. Récuser cette évidence, c'est être aveugle ou hypocrite.

Bénéficiaire secondaire du sabotage : la Norvège. Le 27 septembre 2022, elle a inauguré le « *Baltic pipe* », qui achemine son gaz par le Danemark et la mer Baltique vers la Pologne devenue un nouveau client, désormais affranchi de l'énergie russe. Selon Hersh, la Norvège a servi d'auxiliaire dans l'exécution du sabotage des Nord Stream.

Les déclarations de personnalités révélatrices de la responsabilité américaine du sabotage foisonnent. Le député européen Radek Sikorski, ancien ministre des Affaires étrangères polonais, a twitté le 27 septembre un message éperdu de reconnaissance : « *Merci les États-Unis* ». Pour être sûr que ce cri de gratitude soit bien compris, il l'a accompagné d'une photo aérienne des remous engendrés à la surface de la mer par le gaz jaillissant des tuyaux crevés...

Autres déclarations explicites : celles de responsables gouvernementaux américains faites avant et après l'explosion des Nord Stream. Le 27 janvier 2022, la sous-secrétaire d'État démocrate Victoria Nuland (celle qui avait dit en 2014 « *Fuck Europe* ») avait prévenu : « *En ce qui concerne Nord Stream 2, nous continuons d'avoir une conversation très forte et claire avec nos alliés allemands. Et je veux être claire avec vous aujourd'hui. Si la Russie envahit l'Ukraine, d'une manière ou d'une autre Nord Stream 2 sera stoppé.* » La déclaration de Nuland a été corroborée le 7 février 2022 par le président des États-Unis en personne lors d'une conférence de presse à laquelle Scholz participait : « *Si la Russie envahit, c'est-à-dire que des tanks et des troupes traversent la frontière de l'Ukraine de nouveau, alors il n'y aura plus de gazoduc Nord Stream 2. Nous y mettrons fin.* » Fortement intriguée, une journaliste questionna aussitôt Biden : « *Mais comment allez-vous faire exactement, puisque le projet et le contrôle du projet* [relèvent] *de l'Allemagne ?* » Loin de faire marche arrière, il lui répondit avec un sourire entendu : « *Je vous le promets, nous serons à même de le faire.* » C'était une déclaration d'intention sans ambages, sauf à penser qu'il s'agissait d'une divagation de vieillard sénile.

Le 26 janvier dernier, Nuland a évoqué à nouveau la destruction des gazoducs lors d'une audition au Sénat américain : « *Sénateur Cruz, moi, comme vous je crois, ainsi que l'administration* [Biden] *sommes très heureux de savoir que Nord Stream est maintenant, comme vous le dites, un tas de ferraille au fond de la mer.* » Où l'on voit que Ted Cruz, sénateur républicain du Texas, État grand producteur de pétrole et de gaz de schiste, partageait le bonheur de Nuland. Son état d'esprit reflète celui de la classe dirigeante américaine. Qu'elle soit démocrate ou républicaine, elle défend les intérêts économiques nationaux même s'il faut pour cela infliger un très lourd préjudice économique à un allié aussi fidèle que l'Allemagne. En 2019 le président républicain Donald Trump avait fait voter des sanctions comprenant le gel des avoirs et la révocation des visas américains pour les entreprises investies dans la construction de Nord Stream 2. Ce gazoduc représentait un investissement d'une dizaine de milliards d'euros. La société russe Gazprom en fournissait la moitié, le reste venant de cinq sociétés européennes : OMV (autrichienne), Wintershall Dea (allemande), Engie (française), Uniper (multinationale européenne d'origine allemande) et Shell (anglo-néerlandaise). Sur le point d'être achevé, Nord Stream 2 allait doubler la capacité de Nord Stream 1. Pour Trump, c'était insupportable : *America first*... Mais lui n'avait quand même pas osé détruire les gazoducs.

Les révélations de Hersh sur le sabotage des Nord Stream ont suscité une contre-offensive rhétorique : « *Hersh ne fournit aucune preuve désignant les Américains comme étant les auteurs du sabotage* ». Il ne s'appuie que sur un informateur « *unique et anonyme* ». Sous-entendu : cet informateur existe-t-il réellement ? Si oui, n'est-il pas montrable parce que dépourvu de crédibilité ? On objectera qu'il n'y a rien d'étonnant à ce que cet informateur souhaite préserver son anonymat sous peine de lourdes conséquences pour lui. Il est d'ailleurs probable que plusieurs informateurs ont renseigné Hersh qui a enquêté pendant quatre mois, étant donné le grand nombre de gens impliqués dans ces opérations directement ou indirectement. Cette action de sabotage contre un allié a pu choquer certains d'entre eux. Dans ce type d'affaires, il y a des fuites. En bon journaliste d'investigation, Hersh protège ses sources.

Certes les preuves matérielles de la culpabilité américaine n'ont pas été fournies. Mais le faisceau d'indices concordants permet d'asseoir une intime conviction. Une remarque : les gouvernements et médias occidentaux ne s'étaient pas gênés pour accuser la Russie tout de suite après l'explosion et sans la moindre preuve jusqu'à sa disculpation en janvier 2023 par les équipes d'enquêteurs européens…

Équipes auxquelles les Russes n'ont pas été autorisés à se joindre, contrairement à l'usage puisqu'ils étaient directement concernés. Ils ont demandé qu'au moins on leur communique les documents sur lesquels travaillent les enquêteurs. Cela aussi leur a été refusé. Où est la transparence sacralisée par l'Occident ? Les équipes d'enquêteurs sont donc composées de représentants des pays dont les gazoducs traversent les zones d'expansion économique (ZEE) – le Danemark et la Suède – ou les eaux territoriales – l'Allemagne.

Toutefois, avivées par les révélations de Hersh, les interrogations sur la culpabilité américaine concernant le sabotage font leur chemin à travers le monde, notamment dans les réseaux sociaux. On essaya d'enrayer ce processus. Début mars, l'Allemagne annonça enquêter sur un yacht suspecté d'avoir acheminé des explosifs sur le site, mais sans indications sur l'identité des auteurs. Le *New York Times* publia le 11 mars une enquête des services de renseignement américains pointant « *un groupe pro-Ukraine* ». C'est vague. Des amateurs de pêche sous-marine en mal d'engagement politique ? Le parquet fédéral allemand chargé de l'affaire a fait connaître des éléments de son enquête : en janvier dernier, la fouille d'un yacht aurait révélé des traces d'explosifs sur une table. Des médias allemands ont dit que ce navire avait été loué par une entreprise appartenant à deux Ukrainiens. Il aurait pris la mer début septembre à partir du nord de l'Allemagne avec six personnes à bord (cinq hommes et une femme) en direction du Danemark.

Kiev a aussitôt réagi en niant toute participation au sabotage des Nord Stream. À juste titre.

Le haut degré d'expertise technique et l'extrême sophistication de l'organisation logistique nécessitée par cette opération ôtent toute crédibilité à ce scénario. C'est un enfumage grossier. Les ravages infligés à l'économie allemande par le sevrage du gaz russe rendent le silence de Scholz de plus en plus embarrassant. Alors, quelques jours après sa rencontre avec Biden à Washington, on a jeté en pâture aux opinions publiques le scénario des sympathisants «*pro-Ukraine*» pour dédouaner à la fois l'allié américain fortement soupçonné d'avoir fait sauter les Nord Stream et le chancelier allemand coupable d'un mutisme déshonorant. Lequel est aussi le fait des autres gouvernements européens, alors que les économies de certains d'entre eux pâtissent à différents degrés de la situation.

Le scénario des pieds nickelés «*pro-Ukraine*» n'ayant guère eu le succès escompté, on a ressuscité la piste antirusse.

L'un des pays enquêteurs, le Danemark, finit tout de même par inviter l'opérateur russe, Gazprom, jusque-là tenu à l'écart, pour identifier un « objet tubulaire d'environ 40 cm de long et 10 cm de diamètre » retrouvé intact près de l'une des conduites lors d'une inspection. Comme il n'y avait rien là qui prouve la culpabilité des Russes, il n'y eut pas de suites.

Mais le 28 avril, le quotidien danois « *Information* » révéla que le navire russe SS-750 ravitailleur de sous-marins était présent non loin du lieu des sabotages quatre jours avant les explosions. La marine danoise a confirmé l'information en déclarant posséder 112 photos (« *classées top-secret* ») de navires russes présents dans la région en septembre dernier. Vingt-six d'entre elles permettraient d'identifier le SS-750, qui est équipé d'un mini-sous-marin. Toutefois le procureur suédois chargé de l'affaire, qui dit avoir eu « *connaissance de cette information* », ne fit pas de commentaire. Manifestement il s'agissait d'un pétard mouillé, une fois de plus…

« Cité de Dieu sur Terre » et mensonges d'État

La révélation planétaire du mensonge sur le sabotage des Nord Stream raviverait le souvenir de la fiole contenant soi-disant de l'anthrax brandie par le secrétaire d'État Colin Powell devant l'Assemblée générale des Nations unies le 5 février 2003, alors que c'était une substance inoffensive. Ou bien le souvenir des attaques de deux destroyers américains par des torpilleurs nord-vietnamiens dans le golfe du Tonkin le 4 août 1964. Elles furent inventées par le gouvernement de Lyndon B. Johnson pour obtenir du Congrès l'autorisation d'un accroissement massif de l'engagement militaire américain au Vietnam. Les mensonges d'État ont aussi concerné la politique intérieure étatsunienne. Soixante ans après les faits, l'assassinat du président John Kennedy est toujours officiellement attribué à un tireur unique, Lee Harvey Oswald. Il aurait bouleversé les lois de la balistique en blessant mortellement le Président (à une distance phénoménale) avec une balle zigzagante qualifiée de « *magique* » par les sceptiques. En effet celle-ci aurait atteint aussi le gouverneur Connolly à plusieurs niveaux alors qu'il était assis sur le siège avant droit de la voiture présidentielle en dehors de l'axe de tir. Le tout pendant que le convoi officiel était en mouvement.

La raison d'État nécessite parfois le recours au mensonge. Les États-Unis n'échappent pas à la règle. Mais ils se disent exemptés de ces turpitudes grâce à la pureté héritée de leurs origines. Les pèlerins protestants du *May Flower* débarquèrent au XVIIe siècle sur les côtes américaines dans le but d'y établir la « *Cité de Dieu sur Terre* ». Le calvinisme, quintessence puritaine du protestantisme, inspirait ce projet. Le pasteur John Winthrop, gouverneur de la colonie de la baie du Massachusetts, proclama cette fameuse sentence : « *Nous serons la Cité qui luit au loin sur la colline* ». En 1845 le concept de « *Destinée manifeste* » des États-Unis parachèvera cette vision : Dieu les a mandatés pour étendre la démocratie au monde entier. L'exécution de cette mission divine est exempte de ce machiavélisme politique qui est un stigmate de la Vieille Europe. Ce dogme influence le droit étatsunien : les tribunaux sanctionnent lourdement le parjure. Mais les mensonges d'État qui jalonnent l'histoire américaine restent enfouis dans les archives secrètes de Washington.

La communication politique américaine se prévaut tout particulièrement de la « *transparence* », c'est-à-dire l'exposition publique et sans fard de la vérité. Concernant l'Ukraine le narratif imposé par la Maison-Blanche repose sur l'opposition binaire entre le Bien et le Mal comme dans un film hollywoodien. Le Bien, c'est Biden, archange protecteur du chevalier blanc Zelensky. Le Mal, c'est Poutine décrit comme un menteur forcené, par vice et réflexe conditionné d'ex-agent du KGB. Ce dirigeant sadique est le nouvel Hitler, bourreau de l'Ukraine comme le dictateur nazi le fut de la Tchécoslovaquie. La morale est le levier mobilisant les foules, parce qu'elles perçoivent les relations internationales par le seul biais de l'émotion. Mais il peut se produire un effet boomerang surpuissant. Si les populations européennes apprenaient que le gentil Biden a ordonné le sabotage des Nord Stream, cela diminuerait drastiquement leur soutien (déjà relatif) au bellicisme antirusse de leurs gouvernements. L'efficacité de la communication occidentale sur la guerre en Ukraine ne résisterait pas à la mise à nu du cynisme de Washington et du mutisme servile des dirigeants européens.

Remis fortement en question par Donald Trump quand il était Président des États-Unis, déclaré en « *mort cérébrale* » par Emmanuel Macron en 2019, l'OTAN a été redynamisé par l'assaut russe sur l'Ukraine commencé en février 2022. Les pays de l'UE ont réitéré leur allégeance. Les projets d'autonomie stratégique européenne se sont évanouis. Les commandes de matériel militaire américain ont bondi. La Finlande a rejoint le troupeau otanien. La Suède attend avec impatience la levée du veto turc pour en faire autant.

La publication des preuves irréfutables du rôle joué par Washington dans le sabotage des Nord Stream briserait cet élan. L'unanimisme des partenaires de l'OTAN vis-à-vis de la crise ukrainienne ploierait sous la crise de confiance aiguë déclenchée par la production de ces preuves. Les révélations de Hersh sur le sabotage des Nord Stream représentent un enjeu crucial au regard de la relation Europe-États-Unis et de la cohésion de l'OTAN. Ces liens seraient distendus si les opinions publiques européennes apprenaient que l'allié américain est l'auteur de la destruction des gazoducs. Ce serait particulièrement le cas pour l'Allemagne, dont le chômage va s'envoler et la prospérité s'éroder à cause de la hausse des prix du gaz. Le reste de l'Europe pâtira aussi à divers degrés.

La non-manifestation de la vérité concernant le sabotage est un enjeu majeur des relations internationales. C'est pourquoi le déni de réalité à ce sujet est la ligne de conduite des gouvernements et médias occidentaux.

L'ONU a refusé d'enquêter

Moscou et Pékin accusent officiellement les États-Unis. Les Russes ont déclaré leur intention de récolter et publier les preuves. Les Chinois ont mis en images virtuelles les phases de l'opération. Mais le 27 mars, le Conseil de sécurité de l'ONU a rejeté un projet de résolution russe demandant la création d'une commission d'enquête internationale indépendante sur le sabotage des Nord Stream et en identifier les « *auteurs, commanditaires, organisateurs et complices* ». Le texte n'a été approuvé que par trois pays : La Fédération de Russie, la Chine et le Brésil, les 12 autres membres du Conseil s'étant abstenus. L'adoption d'un projet de résolution nécessite 9 voix au moins. Elle est bloquée si un membre permanent du Conseil exerce son droit de veto. L'objection principale formulée contre le projet de résolution fut qu'on devait laisser les enquêtes nationales du Danemark, de la Suède et de l'Allemagne aller jusqu'à leur terme avant d'en ouvrir une autre à l'échelon international. Objection du représentant chinois : les enquêtes nationales et internationales ne sont pas contradictoires, bien au contraire. Une commission d'enquête internationale indépendante pourrait être favorable au bon déroulement des enquêtes en cours, notamment en étant la garante du bon déroulement des enquêtes en cours et du bon traitement des éléments de preuve, renforçant ainsi la crédibilité des enquêtes nationales. Le représentant russe a fait valoir que ces enquêtes, qui ne sont pas astreintes à un délai d'exécution, s'éternisent et pourraient servir, non à éclairer le dossier, mais à « *nettoyer* » la scène du crime en dissimulant les preuves. Le représentant chinois a résumé l'affaire en disant : *« Si les pays concernés accueillaient à bras ouverts cette commission, ils pourraient avoir la conscience tranquille. Mais s'ils ne souhaitent pas qu'une telle enquête ait lieu, on peut penser qu'ils cherchent à cacher quelque chose. »* Ce refus est un aveu de culpabilité occidentale.

Bien sûr, la responsabilité américaine du sabotage n'a pas échappé à tout le monde en Occident. Nombreux sont les membres des services de renseignements, les journalistes, les analystes qui ont compris. Mais rares sont ceux qui osent le dire publiquement. Ils craignent de passer pour des « traîtres ». Ou les « idiots utiles » des Russes qui marqueraient un but contre leur propre camp et l'affaibliraient en ces temps de guerre. Le sabotage des Nord Stream est enveloppé dans une vaste omerta. Quantité de démocrates fervents respectent cette loi du silence tout en stigmatisant la censure pratiquée par le régime de Poutine. Ils ne semblent pas voir la contradiction. Le mensonge sur le sabotage des Nord Stream est un déni de démocratie nuisant fortement au prestige, déjà écorné, de l'Occident auprès du « Sud global », qui n'est pas dupe.

Aussi convient-il de saluer le courage et l'honnêteté de personnalités comme le général Dominique Trinquand, ancien chef militaire de la mission française auprès de l'ONU. Le 3 mars dernier, il déclarait sur la chaîne d'information LCI : « *La question : à qui profite le crime ? doit être posée* [...] *Il est certain que ces tuyaux appartiennent à une société russe et que donc le crime,* a priori, *ne profiterait pas aux Russes. Ce qui me frappe : vous avez une enquête allemande, une enquête suédoise, une enquête danoise qui,* a priori, *ont récupéré pas mal d'éléments. Or* [six mois après l'événement] *on n'a pas vraiment de conclusions. C'est que probablement il y a des conclusions qu'on ne veut pas donner* ». Le Général précisait que les éléments de l'enquête de Hersh sont fiables et contrôlables. Ainsi « *n'importe qui peut vérifier les itinéraires des navires mentionnés dans le document.* » Il concluait : « *Les Danois, les Norvégiens, les Allemands, les Suédois ne diraient pas s'ils savaient que c'était les Américains* ». Certes le général Trinquand n'alla pas jusqu'à accuser explicitement ces derniers. Néanmoins le sens de ses propos était clair.

Confidences sur *L'Ami américain*

L'Ami américain est le titre d'un livre fameux du journaliste et essayiste Éric Branca. Il y détaille les coups fourrés de Washington à ses alliés européens, constatés par certaines personnalités politiques. Par exemple François Mitterrand, qui était pourtant atlantiste. L'écrivain Georges-Marc Benamou rapporte dans son livre « *Le dernier Mitterrand* » (1995) ses propos sur les États-Unis : « *La France ne le sait pas, mais nous sommes en guerre avec l'Amérique. Oui, une guerre permanente, une guerre vitale, une guerre économique, une guerre sans mort apparemment. Oui, ils sont très durs les Américains, ils sont voraces, ils veulent un pouvoir sans partage sur le monde. C'est une guerre inconnue, une guerre permanente, sans mort apparemment et pourtant une guerre à mort.* »

Au printemps 2000, Robert McNamara, secrétaire d'État américain à la Défense de 1961 à 1968, fit cet aveu à l'âge de 84 ans : « *Les États-Unis, par leur tendance croissante à agir de manière unilatérale et sans respect pour les opinions des autres, sont devenus un État-voyou* ». Si lui, qui fut orfèvre en la matière, le disait… L'ancien secrétaire d'État Henry Kissinger eut ce trait d'humour éloquent : « *Être l'ennemi des États-Unis c'est dangereux, être leur ami c'est mortel* ».

Le général de Gaulle avait une conscience aiguë de cette réalité. Il l'avait traduite en actes : retrait de la France des commandements intégrés de l'OTAN en 1966 (avec fermeture des bases américaines installées sur le territoire national). Restitution par la France de ses réserves de dollars à la Fed (la Banque centrale américaine) contre récupération de son or. Discours d'anthologie proclamant le non-alignement français sur la politique étrangère américaine comme celui de Mexico en 1964 (« *la mano en la mano* ») et de Phnom Penh en 1966 où il critiqua l'intervention américaine au Vietnam. Développement d'un programme nucléaire civil (pour assurer l'indépendance énergétique de la France) et militaire, générateur de la force de frappe atomique.

Mais le souverainisme inflexible du général de Gaulle a déserté ses successeurs à l'Élysée. Ainsi que les élites politiques françaises et européennes, infantilisées ou corrompues par les États-Unis. Elles s'y précipitent pour décrocher ce fameux titre de « *Young leader* » qui accélère les carrières. Elles acceptent volontiers de donner des conférences payées à prix d'or quand ce n'est pas recevoir des virements sur des comptes off shore ou dans des valises de billets. Tout cela avec le confort moral lié à la conviction d'agir dans le sens de l'Histoire. À savoir l'essor de la démocratie, des libertés et de la prospérité dans le monde sous tutelle américaine.

Une fois de plus, en septembre 2002, j'étais à contre-courant. Je prédisais que le développement économique, financier et technologique de la Chine dopé par sa récente intégration à l'OMC finirait par la mettre en concurrence avec les États-Unis pour la première place mondiale. Que l'Empire du Milieu ne se coulerait pas dans le moule démocratique et défierait l'Empire américain ! Qu'il en résulterait une montée des tensions entre ces deux riverains du Pacifique. En effet les États-Unis, puissance dominante, refuseraient de céder leur place de numéro un mondial à la Chine, puissance montante. J'annonçais que Pékin, lors d'une étape ultérieure, ajouterait à la compétition économique une course aux armements pouvant déboucher sur un affrontement militaire avec les États-Unis. Aujourd'hui, les stratèges militaires américains et chinois mettent cette hypothèse au centre de leurs travaux.

Chapitre V

Multiplication des foyers de tensions

La guerre flambe déjà en Ukraine et au Proche-Orient. Ailleurs se multiplient les foyers de tension : hégémonisme de la Turquie et de son proxy l'Azerbaïdjan, expansion du djihadisme en Afrique subsaharienne, agressivité de la marine chinoise en mer de Chine méridionale…

Conflit israélo-gazaoui : les risques d'escalade

La crainte d'une Troisième Guerre mondiale augmente, car les risques se multiplient. L'Ukraine, adossée à l'Occident en matière financière et logistique, est engagée dans une guerre de haute intensité avec la Fédération de Russie à la suite de l'« opération spéciale » lancée le 24 février 2022. Ce conflit meurtrier fait planer la menace d'un choc direct OTAN-Russie risquant de conduire, de proche en proche, à une guerre mondiale.

Et voilà que le Proche-Orient est le théâtre d'une vertigineuse montée des tensions liées à l'antagonisme entre Israël et les proxys de l'Iran qui l'environnent. Le raid de terreur d'une atrocité sans nom mené par le Hamas et le Djihad islamique le 7 octobre dernier sur le territoire israélien à partir de la Bande de Gaza a déclenché son bombardement intensif et son invasion par Tsahal. Israël risque l'ouverture d'un front supplémentaire au nord avec le puissant Hezbollah, proxy islamiste chiite libanais de l'Iran, bien que ces derniers veuillent éviter cela. Israël court aussi le risque d'un soulèvement des Palestiniens de Cisjordanie où le Hamas gagne en popularité face à l'extension des colonies israéliennes dans ce territoire.

Autres proxys de l'Iran : les milices chiites d'Irak et de Syrie. Elles multiplient les attaques contre les troupes américaines stationnées dans ces pays.

Les Houthis frappent le commerce mondial

Mais un processus d'extension du conflit israélo-gazaoui est apparu en un lieu inattendu : le Yémen. En cause, un autre proxy de l'Iran : la milice des Houthis, majoritairement chiites (d'obédience zaydite) dont la branche politique se nomme *Ansar Allah* (les partisans de Dieu). Après le 7 octobre, ils ont multiplié les attaques de drones et de missiles contre Israël, détruits par ses défenses antiaériennes. Les marines occidentales, elles-mêmes visées, en ont aussi intercepté beaucoup. Et les Houthis ont attaqué les bateaux de commerce de diverses nationalités, mais « *liés aux Israéliens* », qui empruntent le détroit de Bab el-Mandeb séparant Djibouti et le Yémen. Ce goulet d'étranglement entre la mer Rouge et l'Océan indien (27 km dans sa partie la plus étroite) est le passage entre l'Asie et l'Europe par où transite 12 % du commerce maritime mondial en s'épargnant le contournement de l'Afrique par le cap de Bonne Espérance. Un cargo de taille moyenne économise ainsi 10 jours d'une navigation coûteuse en carburant, un supertanker deux à trois semaines.

Les Houthis ont pris possession du tiers utile du Yémen avec sa capitale, Sanaa, à l'ouest du pays, grâce à une guérilla acharnée conduite de 2015 à 2023 contre le gouvernement. Pourtant celui-ci était soutenu par une coalition surarmée dirigée par l'Arabie Saoudite comprenant les Émirats arabes unis et Bahreïn. Bien que chiites, les Houthis se déclarent solidaires du Hamas sunnite, lui-même proxy de l'Iran chiite. Leur devise : « *Allah est le plus grand, mort à l'Amérique, mort à Israël, malédiction aux Juifs, victoire à l'Islam.* » Leurs attaques en mer Rouge visent, disent-ils, à « *empêcher le passage des navires à destination de l'entité sioniste en soutien à nos frères de Gaza* ». En réalité, tout navire de commerce passant par là est une cible potentielle.

Les Houthis avaient déjà démontré à plusieurs reprises dans le passé leur pouvoir de nuisance économique. Par exemple, en 2019 ils avaient endommagé des installations pétrolières saoudiennes à coups de drones et de missiles. La production de la compagnie saoudienne Aramco en avait été fortement diminuée jusqu'à la coûteuse remise en état de ses équipements. Washington et Riyad avaient accusé Téhéran d'avoir été l'instigateur de cette action des Houthis.

La persistance des attaques des Houthis en mer Rouge a obligé les États-Unis à monter une coalition maritime internationale baptisée « *Gardien de la prospérité* ». Mission : patrouiller en mer Rouge et dans le golfe d'Aden afin d'envelopper le trafic commercial dans « *une bulle de sécurité* ».

Cette puissante armada intercepte la plupart des tirs, mais quelques-uns réussissent à passer, infligeant des avaries aux bateaux de commerce. La protection des convois est ruineuse : l'interception d'un drone houthi, d'une valeur de 20 000 dollars, nécessite parfois le tir d'un missile coûtant 1 million. Outre ces engins bon marché, les Houthis possèdent une panoplie de missiles balistiques et de croisière de fabrication iranienne mettant à leur portée des objectifs éloignés comme le port israélien d'Eilat sur la mer Rouge.

Fin décembre, les hélicoptères de l'aéronavale américaine ont coulé en mer Rouge trois vedettes houthies, tuant dix membres d'équipage. Ces petites embarcations avaient attaqué un porte-conteneurs. Le Centcom a pris soin de préciser que les hélicoptères « *ont riposté en état de légitime défense* ». Cette fois-ci, il y a eu mort d'hommes. C'était la première frappe meurtrière de l'armada internationale. Elle a aggravé le risque d'élargissement du conflit.

La protection de l'armada occidentale ne rassure pas totalement les transporteurs. Le trafic commercial passant par le détroit de Bab el-Mandeb est réduit. La plus grande partie fait le détour par la pointe sud de l'Afrique. Les surcoûts qui en résultent augmentent le prix de vente des produits exportés vers l'Europe par la Chine, ce qui grève leur compétitivité et nourrit l'inflation.

Devant la persistance des attaques des Houthis, les navires de l'armada (surtout américains et britanniques) envoient de nombreux missiles sur leurs positions en territoire yéménite afin d'anéantir leurs postes de tir. C'est une escalade de plus. Pour l'instant, les Houthis continuent d'attaquer les navires civils et militaires.

Le Proche et Moyen-Orient sont sous haute tension. Avec le risque d'une perte de contrôle générant une collision entre Israël et l'Iran qui entraînerait l'intervention militaire américaine aux côtés de l'État hébreu. À Tel-Aviv et Washington, certains la désirent vivement afin d'éradiquer le rôle perturbateur de l'Iran des ayatollahs dans la région.

L'ensemble des proxys de l'Iran se désignent comme «*l'arc de la résistance*» à Israël et aux États-Unis. Le régime des ayatollahs les pourvoit en armes, munitions, argent et instructeurs pour combattre «*Le Grand et le Petit Satan*», les États-Unis et Israël. Aussi est-il accusé d'entretenir le chaos dans la région. Les actes de piraterie des Houthis en mer Rouge ont-ils échappé au contrôle de Téhéran ? Non, à en croire Washington qui l'accuse de prêter la main à la détection radar des bateaux et au guidage des frappes. Le 23 décembre, un drone a frappé un chimiquier sous pavillon du Liberia appartenant à un armateur japonais au large de l'Inde. C'était si loin du Yémen qu'un décollage à partir du territoire iranien a été évoqué.

L'Iran, pays du seuil nucléaire

L'équation proche-orientale se complique du paramètre nucléaire. L'Agence internationale de l'énergie atomique (AIEA) s'alarme: les centrifugeuses iraniennes tournent à plein régime, enrichissant l'uranium à 60 %, certaines jusqu'à 80 %. Elles sont tout près, les 90 % nécessaires à la bombe atomique. L'Iran est un pays du «seuil nucléaire». Et il dispose de missiles sophistiqués. La normalisation des relations entre l'Arabie Saoudite et l'Iran orchestrée par la

Chine au printemps 2023 n'a pas empêché Mohammed Ben Salman (MBS) d'annoncer : « *Si l'Iran se dote de la bombe atomique, nous nous en doterons aussi.* » Certes l'Arabie saoudite est signataire du Traité de non-prolifération nucléaire (TNP). Mais MBS n'en a cure. D'autres pays de la région, dont la Turquie et l'Égypte, emboîteraient aussitôt le pas à l'Arabie Saoudite. La prolifération nucléaire s'installerait au Moyen-Orient. Israël entend y conserver le monopole de l'arme atomique. Bombardera-t-il les installations nucléaires de l'Iran avant qu'il ne le brise ? Mis devant le fait accompli, Washington ne pourra guère éviter de s'engager dans le conflit aux côtés de son allié. Le nucléaire iranien est un risque supplémentaire d'escalade régionale susceptible de déboucher sur une Troisième Guerre mondiale…

Après l'attentat meurtrier perpétré contre la foule venue commémorer la mort du général Souleimani, héros national iranien que l'État islamique (EI) a revendiqué, Téhéran a fait une démonstration de force en bombardant des cibles en Irak du Nord, en Syrie et au Pakistan. Son arsenal comprend une gamme de missiles de haute précision à courte portée (300 km), moyenne portée (1 000 km) et longue portée (2 000 km), fabriqués dans ses usines. Les stocks que lui et ses proxys détiennent sont énormes. Jusqu'à 200 000 unités selon certaines évaluations. Cela représente un pouvoir de nuisance considérable.

L'hégémonisme agressif de la Turquie

La Turquie d'Erdogan, membre de l'OTAN, se comporte en État voyou au Moyen-Orient. En 2020 puis en

2023, elle a poussé l'Azerbaïdjan, surarmé par elle, à attaquer l'enclave arménienne du Haut Karabach, supprimant son autonomie et déclenchant la fuite en Arménie de la quasi-totalité de ses habitants. Quoique chiite, l'Azerbaïdjan agit non pas comme un proxy de l'Iran, pourtant chiite lui aussi, mais comme un proxy de la Turquie sunnite. En effet, craignant que Bakou pousse la minorité azérie de l'Iran à faire sécession, Téhéran cultive une alliance de revers avec l'Arménie chrétienne contre l'Azerbaïdjan musulman. Quant à ce dernier, il est allié avec Tel-Aviv auquel il accorde l'usage de ses bases aériennes. L'aviation israélienne s'y réapprovisionnerait en carburant en cas de bombardement des installations nucléaires iraniennes. Israël vend à l'Azerbaïdjan des drones kamikazes de sa fabrication qui ont contribué, avec les drones Beyraktar turcs, à ses victoires dans le Haut Karabach. Quant à l'Union européenne (UE), elle n'a d'yeux que pour les hydrocarbures azerbaïdjanais. La présidente de la commission de l'UE, Ursula Von der Leyen, est allée à Bakou conclure, tout sourire, des accords avec le président Aliyev.

Dans cette région Erdogan poursuit un objectif: pousser l'Azerbaïdjan à faire une trouée dans la bande de territoire arménien chrétien le séparant de la Turquie afin d'établir une continuité territoriale entre elle et l'Asie centrale turcophone et musulmane. Il rêve en effet d'y étendre l'hégémonie turque.

La Turquie État voyou en Méditerranée

Erdogan tourne aussi ses regards vers l'ouest, en Méditerranée orientale. Le 10 juin 2020, la frégate française

Le Courbet, qui voulait inspecter un cargo turc suspecté de violer l'embargo des armes à destination de la Libye, a été « illuminée » à trois reprises par les radars de conduite de tir des frégates turques de l'escorte. Une illumination implique réglementairement une riposte immédiate, car elle prélude normalement à un tir de missile. Toutefois le Courbet, qui accomplissait une mission sous mandat onusien et sous commandement de l'OTAN, s'est abstenu de tirer et a renoncé à inspecter le cargo. Les Grecs, eux aussi membres de l'OTAN, avaient déjà subi l'agressivité de la marine de guerre turque en voulant inspecter ce bateau dans le cadre du mandat de l'ONU.

En Méditerranée orientale, où se multiplient les découvertes de fabuleux gisements de gaz *off shore* depuis les années 2010, les Turcs ont mené à plusieurs reprises et en toute illégalité des forages d'exploration dans les zones d'exclusivité économique (ZEE) de la Grèce et de Chypre, sous escorte de la marine de guerre turque. Celle-ci a multiplié les postures agressives vis-à-vis de son homologue grecque venue à sa rencontre. En août 2020, les tensions se sont tellement avivées que Paris a envoyé deux frégates et deux Rafale manœuvrer aux côtés de la marine de guerre d'Athènes pour tenir en respect Ankara : attaquer les Grecs, c'eût été attaquer la France.

Les gisements *off shore* d'hydrocarbures seraient un précieux viatique pour l'économie turque en pleine débâcle. Alternant le chaud et le froid avec Athènes, Erdogan joue en ce moment la carte de l'apaisement. Mais il provoquera d'autres crises. Il conteste le Traité de Lausanne de 1923 qui a attribué à la Grèce la possession des îles de la mer Égée. Et celle de Kastellorizo. Ce confetti de 9 km^2 situé à 2 km de la côte sud de la Turquie et à 580 km d'Athènes donne à la Grèce une vaste ZEE en Méditerranée orientale ajoutée à celle de la mer Égée en vertu du traité de Montego Bay (1982) réglementant les espaces juridiques maritimes. Il est vrai que cette délimitation réduit la ZEE d'Ankara à la portion congrue… «*Attendez-vous à ce que l'armée turque débarque sur vos îles à 2 heures du matin*», menace Erdogan de temps en temps. Venant de lui, c'est à prendre au sérieux. En outre le précédent chypriote renseigne sur la dangerosité d'Ankara: le 20 juillet 1974, l'armée turque a envahi le nord de l'île, occupant un tiers de sa superficie. Pourtant, Bulent Ecevit, le Premier ministre qui, au prétexte d'un coup d'État de militaires chypriotes voulant rattacher l'île à la Grèce, ordonna ce débarquement, n'était pas réputé extrémiste. Il appartenait au Parti républicain du peuple (CHP), nationaliste à coloration sociale-démocrate. Et aucun des chefs de gouvernement qui lui succédèrent jusqu'à l'arrivée au pouvoir du Parti de la justice et du développement (AKP) en 2002 ne s'avisa de retirer l'armée turque de Chypre. La coupure de l'île en deux est un fait accompli renforcé au fil du temps par la turquisation de la République de Chypre-Nord grâce à l'immigration de paysans anatoliens.

Ankara empêche l'exploration *off shore* par la République de Chypre au nom des «*droits inaliénables*» de la République de Chypre-Nord tant qu'une solution politique n'aura pas été trouvée concernant la division de l'île. C'est ainsi que début 2018 la marine de guerre turque arraisonna un bateau de l'ENI, la compagnie pétrolière italienne, venu explorer un bloc de la ZEE chypriote. Elle bloqua le navire sous prétexte de «*manœuvres militaires*» dans le secteur jusqu'à ce qu'il reparte, au bout de deux semaines, sans avoir pu accomplir sa tâche.

Erdogan veut faire de la Turquie la première puissance navale en Méditerranée orientale. C'est pourquoi il consacre des moyens considérables à la production de bateaux de guerre. Ainsi les chantiers stambouliotes ont fabriqué le TCG Anadolu, récemment mis en service. Ce porte-hélicoptères de 232 mètres de long est le vaisseau amiral de la marine turque.

Une course de collision est engagée entre la Turquie et la Grèce, exacerbée par l'enjeu gazier en Méditerranée orientale. La doctrine officielle d'Ankara en la matière est « *la Patrie bleue* ». Elle consiste à revendiquer une gigantesque zone en Méditerranée orientale et en mer Égée, en invoquant la limite du plateau continental et en déniant à la Grèce ses droits sur une grande partie des îles conférés par le traité de Lausanne, qu'elle juge « *iniques* ». Hantés par le souvenir douloureux de quatre siècles de joug ottoman et du conflit sanglant avec la Turquie au sortir de la Première Guerre mondiale, les Grecs ne veulent rien concéder. Une nouvelle guerre entre ces deux pays semble inévitable d'ici quelques années. Elle pourrait impliquer d'autres puissances méditerranéennes, dont la France. C'est l'une des hypothèses de travail des stratèges militaires français.

En attendant, Erdogan cultive de bonnes relations avec le gouvernement libyen de Tripoli (internationalement reconnu bien que d'inspiration islamiste) en guerre avec celui du maréchal Haftar installé à Tobrouk. Il lui a fourni les armes et les mercenaires djihadistes lui permettant de tenir à distance les troupes de son rival. En retour, Tripoli a signé avec Ankara une convention joignant les ZEE turque et libyenne en une immense bande transversale en Méditerranée orientale. Erdogan menace de sanctuariser l'ensemble de cette zone avec sa marine de guerre. Mais les autres pays riverains ne reconnaissent pas cette convention. L'Égypte et la Grèce refusent catégoriquement les réductions de leurs ZEE qu'impliquerait ce nouveau découpage. Lequel empêcherait Israël de réaliser un projet de gazoduc sous-marin reliant les sites gaziers de sa propre ZEE à la Grèce et l'Europe. En réaction, ces pays se sont liés par des accords de zonage et de coopération.

La Chine, Taïwan et la mer de Chine méridionale

Aux antipodes du Proche et Moyen Orient et de la Méditerranée orientale, il est une autre région chaude : l'indopacifique, centre de gravité de la rivalité croissante entre les États-Unis et la Chine. Avec un détonateur potentiel : l'intégration de Taïwan à la Chine « *volontairement ou par la force* », au plus tard en 2049, à l'occasion du centième anniversaire de la fondation de la République populaire de Chine par Mao. Mais Pékin considère que cela pourrait se réaliser dès 2027. Au besoin par la force. Certes, pour l'instant les moyens de l'Armée populaire de Chine (APL) semblent insuffisants pour réussir un débarquement, même en cas de non-intervention américaine : il y a l'obstacle représenté par le détroit de Taïwan (130 km dans sa partie la plus étroite), le surarmement de l'armée taïwanaise et le nationalisme grandissant de la population de l'île. En outre les Taïwanais sont effrayés par l'exemple de Hong-kong, remise à la Chine par le Royaume-Uni en 1997 contre la promesse de conserver jusqu'en 2047 ses propres institutions et usages en fonction du principe : un pays, deux systèmes. Le gouvernement chinois n'a pas attendu 2047. Malgré les nombreuses manifestations (durement réprimées) des Hongkongais, dès 2020 leur autonomie et leurs libertés étaient mortes.

Mais Taïwan n'est pas la seule pomme de discorde entre les États-Unis et la Chine. Leur antagonisme est systémique, donc irréductible. Il est celui de deux géants rivaux de part et d'autre du Pacifique. La Chine n'est plus la nouvelle recrue timide de l'OMC en 2001. Depuis son accession au poste suprême, en 2012, Xi Jiping a entrepris de renverser la table à jeux. Il a imprimé à la diplomatie chinoise un style pugnace, celui des « loups combattants », à l'opposé de celui, feutré, qui précédait.

Pékin veut contrôler la mer de Chine aux dépens de ses voisins (Japon, Philippines, Vietnam, Malaisie).

L'un des plus hauts gradés de l'armée américaine, l'amiral Charles A. Richard, à la tête de l'*United States Strategic Command*, responsable de l'arsenal militaire et de la dissuasion nucléaire, n'a pas mâché ses mots en novembre dernier lors d'un symposium officiel. « *L'ennemi véritable des États-Unis n'est pas la Russie, mais la Chine* », dit-il. Si « *la crise en Ukraine n'est qu'un échauffement, la grande guerre arrive* » : celle opposant les États-Unis à la Chine. « *Et il ne faudra pas longtemps avant que nous soyons mis à l'épreuve comme nous ne l'avons pas été depuis longtemps* ». L'amiral s'est inquiété du retard de l'armée américaine par rapport à son homologue chinoise. Ces propos étaient-ils ceux d'un militaire hors de contrôle ? Non, le ministère de la Défense les a repris, donc accrédités. Et pour cause : ils reflètent une conviction de plus en plus répandue dans les milieux dirigeants étatsuniens. Les académies militaires américaines étudient les stratégies à mettre en œuvre dans cette guerre à venir. Elles préparent les élèves officiers à cette future épreuve.

Fondamentalisme islamique et djihadisme

À ces carburants de la Troisième Guerre mondiale, s'en ajoute un autre : le fondamentalisme islamique et son corollaire, le terrorisme djihadiste. Celui-ci s'était manifesté avec éclat lors des attentats contre les ambassades américaines de Nairobi (Kenya) et Dar Es Salam (Tanzanie) le 7 août 1998, et contre le croiseur américain lance-missile USS Cole dans le port d'Aden le 12 octobre 2000. C'était les prémisses du coup de tonnerre que fut l'attentat du Word Trade Center le 11 novembre 2001. Cependant l'émotion collective suscitée par la retransmission dans le monde entier de ce spectacle dantesque était progressivement retombée comme la poussière des immeubles détruits. Une majorité d'islamologues considéraient le terrorisme islamiste comme le soubresaut désespéré d'un obscurantisme religieux à l'agonie. Le monde musulman serait vite aspiré lui aussi dans la tornade de la démocratie et des libertés conformément au sens de l'Histoire indiqué par Fukuyama.

En septembre 2022, je ramais également à contre-courant sur ce sujet. J'écrivais que, loin d'être en voie d'extinction, le fondamentalisme islamiste se déploierait ainsi que son corollaire, le djihadisme, jusqu'à menacer l'Europe.

La suite n'a pas emprunté les voies de l'irénisme. Al-Qaida et l'État islamique (EI) surnommé Daech multiplièrent les actes de terrorisme dans les pays musulmans et en Europe dans les décennies 2000 et 2010. Né en 2006 sur les décombres du régime de Saddam Hussein, Daech proclama en 2014 un califat sunnite à cheval sur l'Irak et la

Syrie appliquant la charia avec une extrême rigueur. Il fut le point de ralliement de djihadistes accourus des quatre coins du monde. Son ordinaire se composait d'attentats suicide, d'extorsion de fonds, de prises d'otages, de trafics d'êtres humains, de ventes d'esclaves, de contrebande de pétrole et de gaz… Daech fit grand usage d'égorgements filmés et diffusés sur Internet pour semer la terreur. L'organisation revendiqua les attentats sanglants du 13 novembre 2015 à Paris. En 2019 le califat de Daech s'effondra sous les assauts d'une coalition menée par les États-Unis et leurs alliés au sol, Kurdes en Syrie et chiites en Irak. L'aviation russe contribua à cette victoire.

Toutefois Al-Qaida et Daech n'ont pas disparu. Après une relative accalmie, nombreux sont les services de renseignement qui alertent sur le renouveau de leurs activités. Elles ont métastasé en Afrique et en Asie, avec le dessein de s'y emparer des appareils d'État, souvent faibles et corrompus. Certaines des révolutions arabes de 2011, porteuses de tant d'espérances, accouchèrent de succès électoraux islamistes rappelant ceux du Front islamique du salut (FIS) en Algérie en 1991. Mais ces partis sont aujourd'hui en recul, car leur façon d'exercer le pouvoir a déçu. En Algérie, le Mouvement pour la Société et la Paix (MSP), qui se réclame des Frères musulmans, a fait un bide aux dernières législatives. Le Parti de la justice et de la démocratie (PJD) au Maroc a été essoré par ses dix années de gouvernement. Il a perdu son label de défenseur de la cause palestinienne en applaudissant la normalisation des relations entre le Maroc et Israël. Le président tunisien Kaïs Saïed a dissous le parti Ennahda. L'islamisme électoral remontera la pente lorsque viendra la crise économique et financière mondiale.

En attendant, les organisations djihadistes, aux premiers rangs desquelles Al-Qaida et l'État islamique (EI) et leurs filiales, déploient leurs activités en Afrique et en Asie. Le retrait de la France du Niger et son désengagement du Mali et du Burkina-Fasso sont une aubaine pour les organisations djihadistes. À partir du Sahel qu'elles contrôlent de mieux en mieux, elles étendent leurs ramifications en Afrique de l'Ouest. La faiblesse des États locaux et la misère des populations servent leurs ambitions. Au Moyen-Orient, elles reprennent vie et s'étendent vers l'Asie. Les services de renseignement européens craignent un renouveau de leurs actions terroristes sur le Vieux Continent. L'Europe devra affronter à nouveau ce fléau.

Chapitre VI

Le choc des civilisations dans la Troisième Guerre mondiale

Le choc des civilisations, donc des religions, n'est pas la seule dimension des conflits internationaux. Il y a, bien sûr, les nombreux conflits d'intérêts entre États. Mais l'écarter totalement est irréaliste. D'autant plus qu'un renouveau des fondamentalismes religieux se manifeste à travers le monde.

Le rôle certain des civilisations

« *Pour imaginer la pacification universelle,* affirmait le philosophe et politologue Raymond Aron, *il faut se donner, par l'imagination, les peuples et les États convertis à la même vérité politique et religieuse* ». Aron accordait une importance significative au facteur religieux, donc civilisationnel, dans les relations internationales. Le professeur américain Samuel Huntington a développé cette vision des choses dans *Le Choc des civilisations*, best-seller international publié en 1995. Huntington dit que la fin de la Guerre froide a laissé la place au conflit de civilisations. Non pas que celui-ci eût entièrement disparu pendant la Guerre froide. Mais, diminué et caché par elle, il couvait par en dessous comme la braise sous la cendre. À tel point qu'on l'avait complètement oublié. Sauf le général de Gaulle : il disait « *Russie* » au lieu d'« *Union soviétique* », prévoyant que le communisme serait une courte parenthèse dans l'Histoire. Les civilisations resteraient au centre de tout. Du Huntington avant la lettre.

La civilisation est la forme la plus haute de l'organisation humaine, en ce sens qu'au-dessus, il n'y a plus rien. Elle englobe le village, la tribu, le groupe ethnique, la région. Et enfin la nation (elle en rassemble généralement plusieurs). Les membres d'une même civilisation considèrent de la même façon la guerre, l'amour, la famille, le travail, l'argent, la mort. Ils vibrent de la même manière aux choses essentielles de la vie. La civilisation est une subtile alchimie, faite de culture et plus encore de religion. Cette dernière joue un rôle primordial, même si on se déclare athée, ou bien croyant en Dieu, mais indépendamment d'un credo religieux officiel. En Occident, cela donne le christianisme laïcisé, qui irrigue largement la vie politique et sociale. Cette religion bimillénaire, d'abord uniquement catholique puis scindée par la Réforme, a laissé d'innombrables réflexes conditionnés. Les personnes concernées n'en sont pas conscientes. C'est en contemplant les autres civilisations qu'on prend pleinement conscience de son appartenance à une civilisation et pas à une autre.

Une civilisation n'est pas éternelle. Elle naît, grandit mûrit, vieillit et meurt. Comme l'individu. Mais cette évolution peut s'étirer sur plusieurs millénaires.

Il y a environ 7 000 ans apparaissaient les premières civilisations, ramifiées ensuite. Certaines ont disparu. Les échanges entre elles furent d'abord rares, à cause de la lenteur des déplacements à cheval ou en bateau. Ils augmentèrent, surtout à partir du XVe siècle, pour devenir intenses aujourd'hui grâce aux moyens de communication modernes. Huntington distingue sept civilisations : l'occidentale, l'orthodoxe, l'islamique, l'hindouiste, la confucéenne, la japonaise, l'africaine.

Particularité de la civilisation occidentale

Huntington définit la civilisation occidentale comme héritière du catholicisme romain, de la féodalité, de la Renaissance, des Lumières et de l'émergence de l'État-nation. La Russie orthodoxe n'a pas subi ces influences. Aussi Huntington fait-il passer la frontière entre l'Occident et l'orthodoxie « *en plein cœur de l'Ukraine, et ce, depuis des siècles* ». L'Ouest est tourné vers l'Europe, l'Est vers la Russie.

Huntington prévoyait la résurgence du conflit millénaire qui opposa l'islam à l'Occident : « *Certains Occidentaux, comme le président Bill Clinton, soutiennent que l'Occident n'a pas de problèmes avec l'islam, mais seulement avec les extrémistes islamistes violents. Quatorze cents ans d'histoire démontrent le contraire.* » Le christianisme, la séparation du spirituel et du temporel et la force de la loi s'opposaient à l'unicité du politique et du religieux de la religion musulmane.

Cependant Huntington n'approuvait pas du tout le messianisme culturel américain. Avant de mourir (2008), il avait eu le temps de condamner la guerre en Irak déclenchée par les néo-conservateurs cinq ans plus tôt. Il dénonçait les prétentions universalistes de l'Occident : « *La croyance occidentale dans la vocation universelle de sa culture a trois défauts majeurs : elle est fausse, elle est immorale et elle est dangereuse.* »

Antagonisme entre l'hindouité et l'islam

L'Inde est un continent-civilisation marqué par l'hindouisme et un contentieux historique avec l'envahisseur musulman. Elle est travaillée par un renouveau du fondamentalisme hindou traduit dans le concept d'*hindutva* (hindouité) : la régénération de la nation indienne au travers de l'hindouisme. L'arrivée au pouvoir du *Baratiya Janata Party* (BJP) de Narendra Modi en 2014 en est l'une des multiples expressions politiques. Cette vision influence la politique étrangère indienne. Ainsi, dans le conflit israélo-gazaoui, New Delhi incline en faveur d'Israël avec lequel il entretient d'excellentes relations. C'est pourquoi fin octobre 2022, lors d'une session d'urgence de l'Assemblée générale des Nations unies sur la crise israélo-palestinienne, l'Inde s'est abstenue de voter une résolution (adoptée avec une majorité de 120 voix) appelant à « *une trêve humanitaire, durable et soutenue* » dans la guerre entre Israël et le Hamas et à la fourniture d'une aide continue et sans entrave dans la bande de Gaza. L'Inde s'est abstenue parce qu'un amendement du Canada demandant le « *rejet et la condamnation sans équivoque des attaques terroristes du Hamas en Israël à partir du 7 octobre et de la prise d'otages* » n'a pas été adopté faute d'avoir obtenu les 2/3 des voix des pays membres.

Bien qu'étant une figure de proue des BRICS (Brésil, Russie, Inde, Chine, Afrique du Sud) et l'un des pays moteurs du « Sud global », l'Inde s'en démarque au sujet de la « résistance » du Hamas qu'elle identifie au terrorisme islamique. Selon son ministre des Affaires étrangères, S. Jaishankar, l'Inde se doit « *d'être constante dans ses positions* » et d'adopter une position ferme sur le terrorisme parce que « *nous en sommes les victimes* ». La représentante permanente adjointe de l'Inde à l'ONU, Yojana Patel, a justifié l'abstention de son pays en ces termes : « *Le terrorisme est une malignité et ne connaît pas de frontières, de nationalité ou de race. Le monde ne devrait accepter aucune justification d'actes terroristes. Laissons de côté les différences, unissons-nous et adoptons une approche de tolérance zéro à l'égard du terrorisme.* »

Le BJP avait immédiatement comparé l'attaque menée par le Hamas contre Israël le 7 octobre 2023 avec les attentats islamistes ayant ensanglanté l'Inde de 2008 à 2014. Notamment ceux de Bombay en 2008 (160 morts). Le BJP établit un parallèle entre le groupe islamiste *Lashkar-e-Taiba,* qui lance des opérations terroristes sur l'Inde à partir du Pakistan, et le Hamas. Il fut un temps où New Delhi soutenait la cause palestinienne. Mais, en 1992, il normalisa ses relations diplomatiques avec Tel-Aviv. En 1998 Israël renvoya l'ascenseur à l'Inde en refusant de se joindre à l'embargo décrété contre elle du fait qu'elle venait de réaliser des essais nucléaires. Devenu Premier ministre en 2014, Narendra Modi, qui s'est toujours déclaré « *grand ami d'Israël* », a dopé les échanges économiques entre les deux pays. L'Inde est le premier marché d'exportation de l'industrie militaire israélienne de haute technologie. Par exemple *Israël Aerospace Industries* lui a vendu le système de défense antimissile Barak-8 très sophistiqué. New Delhi scrute les méthodes de Tel-Aviv en matière de lutte contre le terrorisme islamiste et de contrôle des minorités hostiles. Sa population d'1,4 milliard d'habitants compte 180 millions de musulmans. Ses enjeux sécuritaires lui paraissent de même nature que ceux d'Israël nonobstant la différence d'échelle. Les tensions parfois sanglantes entre les communautés hindoue et musulmane ont jalonné l'histoire de l'Inde notamment depuis la partition de 1947 qui a engendré le Pakistan.

L'allergie de New Delhi à l'islam s'est aussi manifestée à l'occasion de l'élargissement des BRICS à six nouveaux membres en 2023 : l'Arabie Saoudite, l'Argentine, l'Égypte, les Émirats arabes unis et l'Iran. Par la suite, l'Argentine s'est retirée sur décision de son nouveau président, Javier Milei, qui proclame un alignement total sur « *les nations libres de l'Occident* », en particulier les États-Unis et Israël. Cinquante pays s'étaient portés candidats. Parmi eux, l'Algérie. Très motivé, son président, Abdelmadjid Tebboune, n'avait pas ménagé ses efforts, notamment auprès de Moscou et Pékin où il avait effectué des visites d'État en juin et juillet 2023. Ces deux pays soutenaient sans réserve la candidature algérienne dont le président Tebboune avait fait l'une de ses priorités politiques et diplomatiques. En décembre 2022, déjà, il s'était déclaré confiant auprès des médias algériens : « *L'année 2023 sera couronnée par l'adhésion de l'Algérie aux BRICS* ».

Alger a vécu comme une lourde défaite symbolique ce rejet, officiellement motivé par des considérations macroéconomiques. Mais pourquoi les BRICS ont-ils accepté l'Égypte et l'Éthiopie dont les économies ne sont pas en meilleur état que celle de l'Algérie ? La véritable raison est d'un autre ordre. C'est New Delhi qui a barré l'Algérie. Il considérait comme trop massive l'adjonction aux BRICS de quatre pays musulmans – Arabie Saoudite, Émirats arabes unis, Égypte et Iran – pour y ajouter l'Algérie. Le « Sud global » n'est pas monolithique. Il est traversé par des fractures politiques et civilisationnelles.

L'esprit de conquête de l'islamo-nationalisme turc

Recep Tayyip Erdogan, le Premier ministre turc, ambitionne de rétablir le califat ottoman multiséculaire aboli le 3 mars 1924 par son lointain prédécesseur laïciste Kemal Atatürk. Le calife ottoman exerçait un magistère spirituel sur la communauté islamique (*Oumma*). Outre cette fonction religieuse, il assumait la direction politique de l'Empire.

La nostalgie de l'Empire ottoman dévore Erdogan, en symbiose avec sa foi religieuse. Celle-ci vient de son enfance pieuse à Kasimpasa, quand il hantait les mosquées et les stades de foot. Il disait « *Je suis l'imam d'Istanbul* » quand il était le maire de cette ville. Le goût de l'argent, tard venu, n'a pas altéré sa foi. Au-delà des manœuvres opportunistes dont il est passé maître, il considère sa carrière politique comme une mission religieuse.

Il conduit une politique étrangère islamo-nationaliste qui prolonge, en l'intensifiant, celle des gouvernements précédents, pourtant officiellement laïques. Dans les années 60, Ankara a initié une politique étrangère islamo-nationaliste appuyée sur le prosélytisme religieux musulman à l'étranger, pour étendre l'influence turque. Premier ministre de 1950 à 1960, Adnan Menderes en fut l'instigateur. Il fut le premier grand fossoyeur de la laïcité turque en politique étrangère. Ses successeurs renforcèrent cette pratique. Toute gardienne de la laïcité qu'elle fût, l'armée ne voyait pas d'inconvénients à cette islamisation puisqu'elle se déployait à l'extérieur du territoire national et au bénéfice de l'hégémonisme turc. Dans les années 60, la Turquie a commencé à joindre ses efforts à ceux de l'Arabie Saoudite et du Pakistan pour réislamiser la *« ceinture verte »* allant des Balkans à la province musulmane du Xinjiang en Chine, en passant par le Caucase et les régions musulmanes de la Fédération de Russie.

Outil principal de cette politique islamo-nationaliste : le ministère des Affaires religieuses (le *Diyanet*), qui finance la construction de mosquées et pensionne des imams dans les pays visés. La Turquie y encourage les activités culturelles d'inspiration islamique, aide à la mise sur pied et au développement de mouvements prônant un islam fondamentaliste.

Les Juifs et les croisés

La politique laïcisante de Kemal Atatürk, qui abolit le sultanat et le califat, lui valut une réputation d'apostat dans le monde musulman. Isolée de celui-ci par l'épisode kémaliste, la Turquie a commencé à y reprendre sa place dans les années soixante. Elle s'est rapprochée de l'islam, en intégrant des organisations islamiques internationales, dont elle reçut d'importants appuis en retour. Ainsi, lors du Congrès mondial musulman réuni à Mogadiscio en décembre 1964 et janvier 1965, les *« États frères »* votèrent une résolution favorable à l'argumentaire d'Ankara dans le litige l'opposant à Chypre. La Turquie apporta son soutien à l'OLP, votant à l'ONU pour les résolutions condamnant l'occupation des territoires arabes par Israël et prônant une reconnaissance de l'organisation palestinienne, qui ouvrit un bureau à Ankara en 1975. Les accords de coopération militaires signés par Israël et la Turquie en 1996 (et rompus depuis) n'empêchèrent pas cette dernière de continuer à dénoncer les implantations israéliennes dans les territoires occupés.

La Turquie « laïque » a adhéré en 1976 à l'Organisation de la Conférence Islamique (OCI), créée en 1969 à l'initiative de l'Arabie Saoudite, qui regroupe 57 États musulmans. En 1990, l'OCI vota une *Déclaration du Caire sur les droits de l'homme en Islam* fondée sur la *charia*, incompatible avec la *Déclaration universelle des droits de l'homme* de 1948. Ainsi l'article 5, alinéa a, traitant du mariage, dispose : *« Aucune entrave relevant de la race, de la couleur ou de la nationalité ne doit empêcher de jouir de ce droit »*. Mais la religion n'est pas évoquée dans cet alinéa a. Pour cause : la *Charia* interdit à une musulmane de se marier avec un non-musulman. De même, aucun article de la Déclaration ne mentionne la liberté de croyance ou la liberté de manifester sa religion. L'article 10 explique seulement qu'*« aucune forme de contrainte ne doit être exercée sur l'homme pour l'obliger à renoncer à sa religion... »* L'article 12 confirme la liberté de l'homme *« de circuler et de choisir son lieu de résidence à l'intérieur de son pays »*, à condition de respecter les règles de la *Charia*. Ce même article affirme : *« Le pays d'accueil se doit de lui accorder asile et d'assister sa sécurité, sauf si son exil est motivé par un crime qu'il aurait commis en infractions aux dispositions de la Charia »*. Les articles 24 et 25 précisent que les droits et les libertés énoncés dans la Déclaration *« sont soumis aux dispositions de la Charia »* et que cette dernière est *« l'unique référence pour l'explication ou l'interprétation de l'un des quelconques articles contenus »* dans la Déclaration. C'est dans la même veine que, de sommet en sommet, l'OCI lança contre Israël des anathèmes à connotation antioccidentale et judéophobe.

Les valeurs antioccidentales et judéophobes inspirant l'OCI ont progressivement irrigué les médias turcs au cours des années 90. Déjà, à l'époque, quantité de feuilletons télévisés, de livres et de vidéocassettes exaltaient les héros de l'islam, comme Saladin, en stigmatisant *« les Juifs et les croisés », « les impurs, les infidèles »*. *Mein Kampf* était en vente libre dans les librairies. L'antioccidentalisme et la judéophobie des médias turcs grandissaient à l'unisson de ceux d'autres pays musulmans comme le Pakistan ou l'Égypte. Cela s'inscrivait dans le contexte du renouveau du fondamentalisme islamique dans l'ensemble du monde musulman. Le gouvernement Erdogan poursuit sur la trajectoire islamo-nationaliste initiée par ses prédécesseurs en accentuant l'orientation islamiste.

Subornation de l'Europe par les Frères musulmans

L'Europe est dans son collimateur. Les hackers turcs sont mis à contribution. En novembre 2011, ils escamotèrent la page d'accueil de Charlie Hebdo. À la place figurait cet avertissement : « *Avec vos caricatures haineuses, vous attaquez le grand prophète de l'islam sous couvert de liberté d'expression. Que la malédiction de Dieu s'abatte sur vous. Nous serons votre malédiction dans le monde virtuel.* » En décembre 2011, le site de la députée UMP des Bouches-du-Rhône Valérie Boyer, à l'origine de la proposition de loi réprimant la négation des génocides, dont celui des Arméniens perpétré en 1915, fut piraté. Il y eut des « *menaces de mort, de viol, de destruction et des injures et des insultes.* » Valérie Boyer précisa que les menaces visaient également ses parents et ses enfants. D'autres députés français en furent l'objet.

Les hackers turcs s'en prennent à toute critique de la politique antikurde d'Erdogan, de l'islamisme radical, ou bien encore de la non-reconnaissance du génocide des Arméniens de 1915. Souvent étudiants, ces virtuoses de l'informatique pratiquent bénévolement la cyberguerre depuis longtemps. Leurs groupes se choisissent des noms épiques comme Akincilar, qui rappelle de légendaires cavaliers ottomans. Les autorités turques ne leur apportent aucun soutien officiel, mais elles ne les bloquent pas. Erdogan apprécie cette cyberarmée de fanatiques islamistes et panturquistes.

Mars 2021 : scandale politique à Strasbourg. La municipalité dirigée par une majorité Europe-Écologie-les Verts (EELV) vota une subvention de 2,5 millions d'euros pour relancer la construction de la plus grande mosquée d'Europe. Démarré en 2017, le chantier fut arrêté faute d'argent. L'édifice, qui coûtera au total 32 millions d'euros, est nommé Eyyub Sultan. C'était un compagnon de Mahomet. Sa localisation est chargée de sens : outre sa célèbre cathédrale, la capitale alsacienne héberge aussi le Parlement européen.

La confédération islamique turque *Millî Görüs,* proche des Frères musulmans, a porté officiellement ce projet. *Millî Görüs* signifie « Voie nationale religieuse ». C'est en Allemagne que cette confédération est la plus représentée : la diaspora turque y compte au moins 3 millions de personnes, contre 800 000 en France. Fondée en 1969 à l'initiative de l'ancien Premier ministre islamiste Necmettin Erbakan, l'ex-mentor d'Erdogan, en tant qu'Union turque d'Allemagne, elle a pris son nom actuel en 1994. Objectif : fédérer la diaspora turque en Europe. *Millî Görüs*, dont le siège est à Cologne, gère 500 mosquées en Europe.

Au départ, *Millî Görüs* n'aimait pas la tutelle du *Diyanet*, le ministère turc des Affaires religieuses, qui paie et contrôle les imams détachés à l'étranger. Mais Erdogan, une fois au pouvoir, a demandé au *Millî Görüs* de se montrer le plus possible dans l'espace européen : entrisme dans les instances représentatives de l'islam, mosquées les plus voyantes... Millî Görüs agit en relation avec l'AKP.

Autre levier turc en Europe : les Loups gris. Cette organisation panturque liée au Parti d'action nationaliste (MHP) fut officiellement dissoute en France par Gérard Darmanin pour cause de violences contre des Arméniens et des Turcs. Elle continue néanmoins à sévir.

Pirates informatiques, *Millî Görüs*, Loups gris... : Erdogan étend ses tentacules sur l'Europe, à travers une diaspora tuque qui vote pour lui à 60 %.

Chapitre VII

Survenue d'une crise économique et financière mondiale

Une crise économique et financière mondiale approche : hyperinflation, explosion des bulles spéculatives, crise de la dette, crash des monnaies... Elle attisera les foyers de tension, déchaînant la Troisième Guerre mondiale comme la crise de 1929 le fit de la Deuxième Guerre mondiale.

Hyperfinanciarisation de l'économie

Le cocktail détonnant de la Troisième Guerre mondiale contient un ingrédient majeur : les dérives vertigineuses du système financier international. Elles engendreront la crise de trop, qui sera un puissant activateur de feu.

L'histoire du XXe siècle renseigne sur cette question. Issue principalement d'excès spéculatifs, la crise financière de 1929 déboucha sur la Deuxième Guerre mondiale en catapultant Hitler au pouvoir en Allemagne. Mais lors de la rédaction de la *Troisième Guerre mondiale a commencé*, en septembre 2002, le surgissement d'une crise aussi grave semblait appartenir à un passé révolu. La doxa économique définie depuis la fin du conflit mondial déclarait impossible la survenue d'une nouvelle crise de 29. Ceci grâce aux leçons qui en avaient été tirées au sujet de la politique monétaire à pratiquer en cas de crise financière : concertation entre les banques centrales, interventionnisme de celles-ci pour sauver les grandes banques de la faillite.

En septembre 2002, je récusais ce dogme et annonçais des crises financières mondiales. Ceci dans un chapitre coécrit avec un ex-collègue du *Figaro Magazine*, Francis Gelin, intitulé « *Le krach mondial et la grande crise économique* ». Nous y pointions la création monétaire démentielle par les banques centrales, l'excès de crédit, l'envahissement de la finance par les produits dérivés contenant des composants frelatés, la multiplication de bulles spéculatives vouées à l'éclatement... En somme, une hyperfinanciarisation de l'économie la mettant hors sol au point de mener vers un krach mondial.

Les dépressions économiques commencent toujours par une cascade de faillites bancaires devenues subitement incontrôlables. La Grande Dépression des années trente débuta en 1931, un an et demi après le crash de Wall Street, avec la banqueroute de la banque viennoise « *Kredit Ansalt* » et de la banque allemande « *Danat Bank* ». Disposant de réserves trop faibles, ces banques ne résistèrent pas au choc des retraits de capitaux américains.

La formation des bulles spéculatives résulte de la politique monétaire des États. Ils actionnent les banques centrales et les ministères des Finances. Ce sont les États qui ont le pouvoir d'injecter le volume de liquidités monétaires nécessaire pour aboutir à la formation d'une bulle spéculative. Et, en ramenant à un niveau suffisamment bas le taux obligatoire des réserves bancaires, de provoquer la propagation rapide d'un choc à tout le système.

« *Ce qui est gros est solide* », pense-t-on généralement. Une grosse banque serait donc plus sûre qu'une petite. C'est faux : la solidité d'une institution financière n'est pas liée à son gigantisme. Elle dépend uniquement du ratio de risques, c'est-à-dire du levier de crédit, avec lequel elle travaille. De grandes sociétés comme World-com disparaissent. Le plâtrier est toujours là. La vérité, c'est que les banques les plus solides du monde sont toutes, sans exception, de petit format, avec un excellent contrôle de risque.

Les cloisons nationales relativement étanches existant dans les années 30 permirent à de nombreux pays d'éviter la banqueroute et de limiter la casse sur leurs économies. Le système financier et économique international étant devenu global, ces cloisons ont disparu. Elles ont été remplacées par une pyramide de boules de billard, au sommet de laquelle trônent les États-Unis. De nos jours, quand un pays est en faillite on ne solutionne pas les problèmes de fond, ce qui serait trop douloureux politiquement. On le subventionne à coups de crédits internationaux distribués par le FMI ou la Banque mondiale, ou bien directement de pays à pays.

Évaluer la solidité d'un système est un exercice difficile comme le montrent la théorie des catastrophes du mathématicien René Thom, les études sur les phénomènes critiques comme les avalanches ou les épidémies, ou les recherches sur le chaos. L'examen des phénomènes critiques révèle que lorsqu'un système est trop sollicité, il y a d'abord une lente accumulation de tensions internes. Puis quelques signes avertisseurs. Et soudain le système saute brutalement d'un état à un autre. Dans la nature, rien n'est linéaire. Aucune moyenne ne renseigne sur le risque encouru.

La doxa, restée à l'âge de la mécanique, ne connaît que la ligne droite, la quantité, et les moyennes. Elle dédaigne la singularité puisqu'elle est « *statistiquement insignifiante* ». Mais les études sur les systèmes démontrent qu'un événement rare n'est pas un événement impossible. Son surgissement inopiné peut détruire tout le système. C'est « *le cygne noir* » évoqué par Nassim Taleb[1]. Évaluer les chances de survie à partir d'une moyenne procure un sentiment illusoire de sécurité.

Pour « stimuler » l'économie, les gouvernements poussaient de plus en plus sur la manette des gaz liquidités, injectant ainsi de grandes quantités de monnaie dans la chambre à combustion. Mais le moteur ratatouillait : l'économie stagnait, noyée dans l'excès de carburant monétaire. Et l'étincelle de l'économie réelle était trop faible. On continuait à injecter. Soudain, le carburant qui inondait maintenant le moteur prit feu : inflation, perte de valeur des monnaies. La Banque centrale ne contrôlait plus rien. Le directeur de la Banque fédérale, Alan Greenspan, nomma « *exubérance irrationnelle* » ce processus qui conduisit à la crise de 2008.

1. Né en 1960, l'universitaire libano-américain Nassim Taleb, statisticien, épistémologue et philosophe, est l'auteur de plusieurs livres remarqués dont *Le Cygne noir, la puissance de l'imprévisible* (Les Belles Lettres, 2012).

L'économiste Ludwig von Mises[1] avait mis en garde contre ces dangers : « *Le mouvement de vagues affectant le système économique, la récurrence de périodes de boom suivies par des périodes de dépression-récessions est le résultat inévitable des tentatives, répétées encore et encore, de baisser les taux d'intérêt et provoquer une expansion du crédit. Il n'y a aucun moyen d'éviter l'effondrement final d'une croissance provoquée par une expansion du crédit. L'alternative est seulement de savoir si la crise doit venir plus tôt, après un abandon volontaire de l'expansion du crédit, ou plus tard avec une catastrophe finale et totale du système monétaire impliqué.* »

Mais la force d'inertie prévaut toujours, comme le craignait l'économiste Jacques Rueff[2] dès 1965 : « *Il ne faut pas se le dissimuler : la solution la plus vraisemblable, c'est que nous continuerons à dériver dans l'inaction et dans les discours vers l'accident... À ce moment, les dommages seront tels que la situation ne pourra pas durer et que le problème sera résolu.* »

La longue carrière de Jacques Rueff dans l'appareil d'État français et les institutions internationales l'avait renseigné sur leur mode de fonctionnement : maintenir le *statu quo*. Ce grand contradicteur de Keynes, qui débattait avec lui du « *lancinant problème de la balance des paiements extérieurs des États* »[3], avait vu le risque représenté par les gigantesques forces accumulées dans le système financier mondial en raison du déséquilibre chronique

1. L'Austro-Américain Ludwig von Mises (1881-1973), économiste ayant influencé le mouvement libéral-libertarien
2. Le Français Jacques Rueff (1896-1978), économiste proche de l'École autrichienne et haut fonctionnaire qui influença notamment la politique économique de la Ve République. Auteur de nombreux livres de référence.
3. Titre d'un livre de Jacques Rueff paru en 1965.

des échanges financiers entre pays : il n'est jamais résolu, toujours renvoyé au lendemain, à coups d'empilages de crédits.

Les banques centrales, au premier rang desquelles la Fed, s'enferment dans un cercle vicieux. Pour éviter une crise, elles alimentent en liquidités une bulle spéculative jusqu'au moment où elle devient insoutenable et explose. L'équation se complique du système des changes flottants qui augmente l'instabilité monétaire, ce qui gêne les producteurs internationaux. En outre, il génère d'énormes flux de capitaux qui viennent alimenter une bulle spéculative dans des petits pays puis font exploser leur monnaie et leur économie en se retirant. Ce fut le cas lors de la crise des monnaies asiatiques en 1997. Selon Paul Volcker, ancien directeur de la Fed, « *la volatilité des flux de capitaux peut un jour opérer comme l'eau dans le canoë : s'il penche un peu trop, toute l'eau va d'un côté, on le redresse, toute l'eau va dans l'autre sens et l'embarcation se retourne.* »

Autopsie de la crise des *subprimes* de 2007-2008

Au second semestre 2006, démarra aux États-Unis la crise des *subprimes* : c'étaient des prêts à taux variables consentis à des ménages majoritairement pauvres pour acheter un logement en gageant sur celui-ci leur remboursement. Une énorme bulle immobilière spéculative s'était ainsi constituée. Arriva le moment où, étranglés par la hausse des taux d'intérêt, beaucoup d'emprunteurs ne purent continuer à rembourser. Le prix des biens immobiliers chuta. Les banques saisirent les maisons des débiteurs défaillants, jetant des familles entières à la rue. Mais, comme ces demeures ne valaient plus grand-chose et généralement étaient invendables, cela ne couvrait pas leurs pertes, bien loin de là. La crise des *subprimes* ébranla le marché immobilier et bancaire américain.

Et voilà que, le 15 septembre 2008, éclata une bombe aux États-Unis : la prestigieuse banque d'affaires Lehman Brothers (née en 1856) déposa son bilan. Le gouvernement américain avait fini par lui retirer son soutien, effrayé par le gigantisme de son surendettement : 691 milliards de dollars. Cela déclencha la pire crise économique et financière qui se soit abattue sur le monde depuis les années 30.

Le cas Lehman Brothers fut un concentré des vices de l'économie hyperfinanciarisée tels que dénoncés dans *La Troisième Guerre mondiale a commencé*. Tout d'abord, l'utilisation démentielle de « l'effet de levier » : en mobilisant un million de dollars, la banque pouvait en emprunter 30. Ce procédé est fabuleux quand le marché est haussier : il démultiplie les gains de façon astronomique. Mais lorsque le marché est baissier, la banque subit des pertes tout aussi astronomiques : un million de dollars engagés en font perdre 30. L'effet boomerang est à la mesure des excès commis.

À une utilisation abusive de « l'effet de levier » Lehman Brothers avait ajouté une forte implication dans les « *subprimes* ». Elle avait donc essuyé les pertes liées au non-remboursement des prêts immobiliers qu'elle avait octroyés de la sorte. Mais en octroyant massivement des crédits *subprimes*, Lehman Brothers avait aussi contribué à contaminer le système financier international. En effet, à l'instar de beaucoup d'autres banques, elle avait titrisé les *subprimes*. Cela veut dire qu'elle les avait intégrés dans des produits financiers complexes, ce qui les rendait toxiques. Ces produits dangereux ont été vendus sur les marchés financiers internationaux par diverses banques. Résultat : les risques générés par la spéculation immobilière américaine se sont disséminés dans le monde entier.

Les ramifications de Lehman Brothers ont fait que son effondrement a mis en danger le système financier international. Il déclencha la crise financière mondiale de 2008. Les gouvernements engloutirent des tombereaux d'argent public pour sauver de la faillite les banques, et le système financier de manière générale. Il en est résulté une explosion des dettes nationales selon le principe suivant : privatisation des gains, nationalisation des pertes. La finance n'est pas au service des États, ce sont les États qui sont au service de la finance.

Depuis 2008, aucun correctif sérieux n'a été mis en place

La crise financière de 2007-2010 dont le pic se situa en 2008 fut résorbée grâce au sauvetage des banques et des institutions financières par l'argent public. Elle fut un formidable avertissement sur les risques systémiques induits par l'économie hyperfinanciarisée. A-t-elle conduit à de profondes réformes structurelles visant à empêcher une récidive ? Non. Une fois l'alerte passée, les errements ayant provoqué la crise de 2008 ont fait leur retour.

Celle de 1929 avait conduit en 1933 au vote par la Chambre des représentants et le Sénat américain du *Glass-Seagall Act*. Cette loi instituait la séparation des banques de dépôt (ou commerciales) et des banques d'affaires (ou d'investissement). Les banques cumulant les deux métiers furent obligées de renoncer à l'un des deux. Cela afin que l'épargne des déposants ne soit pas exposée aux risques liés à des investissements dangereux, notamment spéculatifs. Cette cloison étanche entre banques de dépôt et banques d'affaires empêchait que celles-ci, en cas de dépôt de bilan, entraînassent dans leur chute celles-là.

Mais le *Glass-Steagall Act* fut abrogé en 1993, sous la présidence Clinton. Le célèbre économiste Joseph Stiglitz a estimé que l'abrogation de cette loi a éclipsé la culture de prudence des banques de dépôt au profit de la culture de risque des banques d'affaires, ce qui a fragilisé le système bancaire et contribué à la crise. Des voix s'élèvent pour réclamer le rétablissement du *Glass-Steagall Act* aux États-Unis, et l'instauration d'une loi équivalente en Europe. En vain...

Certes il y eut le vote, en 2010, de la loi Dodd-Frank renforçant quelque peu la supervision des banques, augmentant leurs ratios de fonds propres obligatoires pour mieux résister aux chocs, plafonnant leurs engagements spéculatifs sur les marchés, imposant des tests de résistance annuels... Mais cette loi beaucoup trop timide ne rétablit pas la séparation des banques de dépôt et d'affaires, qui serait un pare-feu indispensable face à l'expansion vertigineuse des produits financiers spéculatifs.

En outre elle a été partiellement détricotée par une loi votée en 2017 aux fins de relancer l'économie en dérégulant le crédit. Exemple : cette loi a relevé le seuil à partir duquel les banques sont soumises à la plus haute surveillance de la

Réserve fédérale (Fed) de 50 milliards de dollars d'actifs à 250 milliards. Donald Trump entendait « *libérer le pouvoir de l'industrie financière* ». Son successeur, Joe Biden, n'a pas remis en cause cette orientation.

La surchauffe de la planche à billets n'est pas seulement américaine, bien sûr. La Banque centrale européenne (BCE), celle du Royaume-Uni (BoE) et celle du Japon (BoJ) ont versé dans les mêmes excès monétaires. L'endettement mondial s'est élevé à 307 300 milliards de dollars en 2023. Et il est en rapide augmentation. Les États-Unis sont le pays le plus endetté (70 000 milliards de dollars). Derrière vient... la Chine (47 500 milliards de dollars). Celle-ci possède une puissante industrie manufacturière encore fortement exportatrice. Mais elle est coutumière d'un gaspillage de crédits par les instances régionales dans des constructions d'immeubles qui restent vides ou des infrastructures inutiles. Rares sont les pays restés vertueux. L'économie mondiale est une gigantesque pyramide de dettes menacée de s'écrouler comme un château de cartes.

Le « Sud global » se dédollarise

Le « Sud global », à savoir le monde non occidental, n'est pas monolithique. Son hétérogénéité implique des lignes de fracture politique. Mais il représente une force démographique, économique et financière en marche : une population de 7 milliards (contre 700 millions d'Occidentaux) et 60 % du PIB mondial. Un grand nombre des États du « Sud global », qui représentent la moitié de l'humanité, ont voté à l'ONU contre les sanctions infligées à la Russie, ou se sont abstenus. Ces sanctions occidentales ont dérivé les exportations russes d'hydrocarbures vers l'Inde et la Chine. Les flux commerciaux internationaux se recentrent progressivement sur des espaces continentaux semi-autarciques. Une démondialisation s'est amorcée sous l'impulsion de l'épidémie de covid, l'antagonisme Occident-Russie, et la rivalité grandissante entre les États-Unis à la Chine. Les États-Unis se réindustrialisent, l'Europe beaucoup moins.

La question monétaire est devenue un enjeu central. La Chine a pris la tête d'un processus de dédollarisation qui menacera à terme les intérêts vitaux des États-Unis. Socle de la toute-puissance américaine, le prestige du « roi dollar » s'érode. L'émission de cette monnaie repose uniquement sur de la dette américaine. Celle-ci a connu une croissance exponentielle au fil des ans, émoussant la confiance dans le billet vert, ce qui diminue sa prévalence en tant que monnaie internationale. La nécessité de se couvrir du risque de change pour les pays devant l'utiliser faute de mieux, diminue également. En effet cette couverture s'opère grâce à l'achat de Bons du Trésor américain (*US treasury bonds*) qui sont de la dette américaine puisqu'ils sont émis pour créer cette dette. Cela revient à faire racheter ses dettes par les autres pays. Ainsi les États-Unis vivent au-dessus de leurs moyens depuis des décennies. Mais le processus mis en œuvre par des pays non occidentaux mine sournoisement le privilège monétaire américain. Le 28 mars 2018, la Chine a lancé officiellement le pétroyuan à la Bourse internationale de l'énergie de Shanghai. Elle propose des contrats à terme sur le pétrole en yuans, convertibles en or physique. C'est un défi lancé au pétrodollar dont l'emploi exclusif dans les transactions pétrolières internationales résultait de l'accord passé en 1974 entre Washington et Riyad. L'Arabie Saoudite s'éloigne de son suzerain américain et facture en yuans ses ventes de pétrole à la Chine. Avec un effet d'émulation potentiel sur d'autres pays producteurs de pétrole, notamment ceux des BRICS. La possibilité de payer le pétrole en yuans écorne le monopole du dollar en tant que monnaie internationale de réserve. Quant à l'Inde, devenue grande importatrice d'hydrocarbures russes, elle lui paye ses achats en roupies. Un autre facteur encourage la dédollarisation des échanges internationaux : l'extraterritorialité du droit américain. Les États-Unis sanctionnent (durement) tous les utilisateurs de dollars qui contreviennent à leurs embargos et à leurs lois. Ils utilisent souvent cette méthode pour absorber ou détruire des entreprises concurrentes. Cette pratique, qui relève de l'abus de pouvoir, soulève une exaspération croissante. La domination internationale du dollar s'adosse à une force militaire gigantesque financée grâce à l'émission *ex nihilo*, donc sans limites, du billet vert. La planche à billets américaine est imposée au monde, car « le gros bâton » (l'armée) le tient en respect. Le budget de la Défense américain pour 2024 s'élève à 886 milliards de dollars. Il est en constante augmentation. En deuxième position dans le classement mondial, celui de la Chine ne représente que le tiers du budget américain. Sous réserve toutefois de dépenses de recherche militaire (missiles, cyberguerre...) présentées comme de la R & D civile. Malgré ces dépenses astronomiques, la force militaire américaine a perdu en crédibilité à cause des échecs des guerres menées au nom de la démocratie et de la liberté. En outre les avancées technologiques de la

Russie en matière de missiles hypersoniques instillent le doute sur l'invincibilité des onze porte-avions américains qui ont fait trembler le monde. Dans ce domaine des hypersoniques, la Chine a emboîté le pas à la Russie. Les succès de celle-ci (quoi qu'en dise la doxa occidentale), face à une Ukraine armée et entraînée par l'OTAN, donc les États-Unis surtout, augmentent sa crédibilité militaire. Le « gros bâton » américain fait moins peur. C'est un facteur d'affaiblissement de la domination internationale du dollar.

L'enjeu monétaire jouera un rôle central dans le déclenchement de la Troisième Guerre mondiale. Les États-Unis ne se laisseront pas déposséder du socle de leur puissance constitué par la domination internationale du dollar sans réagir. Ils ont éliminé Saddam Hussein et Mouammar Kadhafi qui voulaient déconnecter leurs ventes de pétrole du dollar. Les États-Unis disposent d'une gigantesque force militaire dont ils augmentent sans cesse les moyens. Ils la préparent ouvertement à entrer en guerre contre la Chine.

La grande crise économique et financière sera le détonateur

L'accumulation des dettes publiques et privées et le gigantisme des bulles spéculatives déboucheront sur une crise financière mondiale dont on perçoit les signes annonciateurs. Les injections massives et répétées de liquidités dans les économies ont fait le lit d'une inflation galopante. Les banques centrales essayent de la juguler en augmentant les taux d'intérêt. Mais, ce faisant, elles asphyxient l'économie. C'est la quadrature du cercle. En réalité, la longue fuite en avant dans la création monétaire débridée et l'empilement des dettes touche à ses limites.

L'hyperinflation de la République de Weimar a laissé des images impérissables d'Allemands achetant leur pain avec une brouette remplie de billets de banque qui se dévaluaient tous les jours. D'où l'aversion profonde qu'inspire l'inflation aux Allemands d'aujourd'hui. La surchauffe de « la planche à billets » engendrera un crash des monnaies et une « weimarisation » des économies. Des pays comme la Chine et la Russie anticipent cela : leurs banques centrales accumulent des réserves phénoménales d'or physique. La crise de la dette explosera, entraînant une hausse vertigineuse des taux d'intérêt des banques centrales. La misère se propagera partout, y compris dans les pays développés.

Ce gouffre économique et financier détruira les garde-fous qui préservent une certaine stabilité mondiale. En maintes contrées le fanatisme prendra les commandes. Les islamistes seront portés au pouvoir par des foules que le tarissement des importations céréalières aura réduites à la famine et au désespoir. Pékin détournera contre l'Occident la colère populaire attisée par un chômage galopant et fera résonner les tambours de la guerre. L'actuelle décélération de l'économie chinoise pousse déjà Xi Jiping dans cette direction. Sur tous les continents, la crise radicalisera les opinions et les tensions. La passion éclipsera la raison, l'esprit belliqueux celui de compromis et de paix. La crise économique et financière mondiale déchaînera les démences collectives.

Chapitre VIII

Le monde se met en ordre de bataille

Le système d'alliances de la Troisième Guerre mondiale est appelé à se mettre en place sur un mode bipolaire : l'Occident et ses alliés (Japon, Inde) face à la Russie, la Chine et leurs alliés du monde musulman.

Guerre USA/Chine : le piège de Thucydide

Graham Allison, professeur à l'université Harvard, a recensé dans l'Histoire les exemples de rivalité entre une puissance dominante et une puissance montante. Sur 16 cas, 12 ont mené à une guerre. Il a nommé « piège de Thucydide » ce quasi-déterminisme, en référence à l'analyse de la guerre du Péloponnèse (de 431 à 404 av. J.-C.) rédigée par cet historien grec de l'Antiquité. Cette guerre opposa la ligue du Péloponnèse conduite par Sparte à la ligue de Délos dirigée par Athènes. Selon Thucydide, Sparte, puissance dominante, déclencha cette guerre pour empêcher Athènes, en pleine ascension grâce à son commerce, de lui ravir la suprématie. Forte de son militarisme,

Sparte eut finalement la victoire. Par la suite Athènes s'en remit. Aujourd'hui, Spartes, c'est les États-Unis, Athènes la Chine.

Les États-Unis se préparent à cette guerre, la Chine aussi. Elle est engagée dans une course aux armements, mettant l'accent sur les forces navales : sous-marins, porte-avions… Elle consacre de gros moyens financiers au développement de sa propre industrie de puces électroniques pour s'affranchir de sa dépendance technologique aux États-Unis dans ce domaine. Les deux pays s'emploient à séparer leurs économies, encore fortement imbriquées. Mais, en certaines circonstances, le commerce ne fait pas obstacle à la guerre. Entre 1870 et 1914, les échanges commerciaux entre le Royaume-Uni (puissance dominante à l'époque) et l'Allemagne (puissance industrielle en pleine ascension) s'étaient fortement accrus. Cela n'empêcha pas ces deux pays de se déclarer la guerre en 1914.

Pékin veut contrôler la mer de Chine. Il cimente et militarise les îles Paracelse et Spratley en mer de Chine méridionale, au-delà de sa zone d'expansion économique (ZEE), limitée à 200 milles (370 km des côtes) selon les conventions internationales. Il viole ainsi les ZEE des pays riverains, notamment du Vietnam et des Philippines. Les garde-côtes chinois multiplient les accrochages notamment avec les navires philippins. Autre zone de tension : la mer de Chine orientale. Pékin y revendique notamment la souveraineté des îles Senkaku qui appartiennent au Japon. Toutes ces îles revêtent une importance stratégique pour le contrôle de la mer de Chine. Elles sont aussi un enjeu économique à cause de la richesse en hydrocarbures de leurs ZEE. Pékin fait de la réunification de Taïwan à la Chine un enjeu central. Cette île lui fournirait les ports en eau profonde qui manquent à ses sous-marins. En quittant leurs ports d'attache, ils parcourent les eaux peu profondes du plateau continental bordant la Chine où ils sont vulnérables, avant de s'éclipser dans les abysses du Pacifique. La récente élection de l'indépendantiste Lai-Ching-te à la présidence de Taïwan a excité le courroux de Pékin, plus déterminé que jamais à mettre la pression sur l'île au moyen de sa marine et de son aviation. Le moment venu, choisira-t-il l'invasion (techniquement difficile) ou l'étouffement par un blocus naval ? Dans les deux cas, il sera difficile pour Washington de rester l'arme au pied.

Le contrôle de l'ensemble de la mer de Chine donnerait à Pékin une maîtrise totale de la jugulaire commerciale qu'elle constitue pour l'Asie de l'Est. Le Japon et la Corée du Sud sont prêts à tout pour l'en empêcher. Allié des États-Unis, Tokyo prépare la guerre avec la Chine, s'employant à hausser son budget de la Défense à 2 % du PIB en attendant plus. Un autre allié des États-Unis, l'Australie, s'inquiète tout autant bien qu'elle soit l'un des principaux fournisseurs en matières premières de la Chine. Elle renforce sa marine de guerre. Canberra avait passé une commande de sous-marins diesel à la France, abandonnée au profit d'engins de fabrication américaine. Ils présentent l'avantage d'être équipés de moteurs nucléaires qui en optimisent la puissance, l'autonomie et la discrétion.

En 2021, les États-Unis, l'Australie et le Royaume-Uni ont signé un accord de coopération militaire pour contrer l'expansionnisme chinois dans le Pacifique : l'AUKUS (Australie, United Kingdom, USA). Cet accord prévoit une interopérabilité maximale entre les forces des trois signataires.

Autre solide allié des États-Unis en Extrême-Orient ; la Corée du Sud. Celle-ci n'a jamais cessé d'être sur le pied de guerre depuis la signature de l'armistice avec la Corée du Nord en 1953. Ce qui lui vaut de posséder une armée nombreuse et bien équipée ainsi qu'une puissante industrie de l'armement. Elle en fournit à l'Ukraine. Dans la Troisième Guerre mondiale, la Corée du Sud fera cause commune avec le Japon contre la Chine malgré un contentieux historique entre les deux pays remontant à l'invasion nipponne. Son antagonisme avec la Corée du Nord, alliée de la Chine, est intense. Récemment elle a participé à des manœuvres navales conjointes avec le Japon et les États-Unis.

Les pays de l'Asie du Sud-Est (notamment le Vietnam et les Philippines) redoutent l'hégémonisme chinois. Ils resserrent leurs liens avec les États-Unis pour s'en protéger. C'est ainsi que Manille autorise Washington à installer des bases navales dans ses îles.

•

L'Inde alliée des États-Unis

Pendant de nombreuses années, l'Inde a préservé son statut de « non-aligné » par rapport aux grandes puissances. Au temps de la Guerre froide, elle entretenait de bonnes relations avec l'URSS sans en avoir de mauvaises avec les États-Unis. Mais les temps ont changé. Certes, l'Inde est toujours en bons termes avec la Russie, dont elle importe les hydrocarbures en grande quantité. Elle les paye en roupies, contribuant ainsi à la dédollarisation du commerce international. Elle est une figure de proue des BRICS. Elle a adhéré en 2016 à l'Organisation de coopération de Shanghai (OCS), créée par la Chine et la Russie en 2001. Mais en réalité elle penche de plus en plus vers le camp occidental. On a vu qu'elle refuse de désavouer Tel-Aviv en ce qui concerne le conflit israélo-palestinien. Mais surtout, elle se range du côté de l'Occident dans l'ordre de bataille qui se met en place en vue de la Troisième Guerre mondiale.

Elle a entamé ce processus dès 2007, en constituant avec les États-Unis, l'Australie et le Japon le « Quad », devenu en 2007 le « Dialogue quadrilatéral sur la sécurité ». Objectif: contrer l'influence grandissante de la Chine dans l'Asie-Pacifique. Le premier acte important du Quad fut un exercice naval réunissant les flottes indienne et américaine. Ensuite l'Australie se mit en retrait de l'alliance pour ne pas froisser son grand partenaire économique chinois. Le Quad s'endormit. En 2019, de violents affrontements opposèrent la Chine et l'Inde sur leur frontière commune. Ce fut un électrochoc pour l'alliance, qui reprit vie. L'Australie s'y impliqua vraiment. Les quatre pays participèrent aux exercices navals Malabar de 2020. L'année suivante, leurs dirigeants se réunirent à Washington pour consolider l'alliance.

Ensuite, l'Inde a développé sa coopération militaire avec les États-Unis. Le 10 novembre 2023, New Delhi accueillit une réunion 2 +2 des ministres des Affaires étrangères et de la Défense des États-Unis et de l'Inde. Celle-ci veut devenir un « *centre de défense mondial* » avec l'aide du Pentagone, comme en témoignent les conclusions de cette réunion 2 +2. Un vaste programme y est énoncé : partage des technologies relatives aux « *défis maritimes, y compris dans le domaine sous-marin* » ; codéveloppement et co-production de systèmes de mobilité terrestre ; maintenance par l'Inde des avions américains et réparation par elle, à mi-parcours, des navires de guerre américains ; investissements étatsuniens dans l'entretien, la réparation et la révision d'aéronefs et de véhicules aériens sans pilote américains en Inde. Les deux parties ont prévu de finaliser un accord approfondissant l'intégration de leurs écosystèmes industriels de Défense et renforçant la résilience de la chaîne d'approvisionnement. Elles ont également prévu la création de nouveaux postes de liaison entre les deux armées dans le cadre de l'adhésion de l'Inde à la force maritime multinationale combinée, dont le siège se trouve à Bahreïn. D'autre part les mesures visant à améliorer l'accès des navires de guerre américains aux bases indiennes seront examinées.

En Inde règne un « consensus bipartisan » au sujet de cette alliance militaire renforcée avec les États-Unis. Le Parti du congrès, qui est la principale formation d'opposition, n'a élevé aucune protestation. Il partage avec le BJP, qui est au pouvoir, la même crainte de la Chine.

Nation la plus peuplée du monde avec 1,4 milliard d'habitants dont 46 % ont moins de 25 ans et cinquième puissance économique mondiale, l'Inde est une pièce maîtresse du système d'alliance occidentale dans l'Indo-pacifique. Elle possède une gigantesque armée : 1,3 M de militaires d'active, 1,2 M de réservistes et 1,3 M de paramilitaires. Ses dépenses militaires (74 milliards de dollars) la placent au troisième rang mondial. Cela lui permet d'avoir une puissante aviation (elle la modernise notamment avec des Rafale) et une importante marine disposant notamment de deux porte-avions. Elle développe sa propre industrie militaire. En 1998 elle s'est dotée de l'arme atomique, puis de missiles à tête nucléaire. Elle est aussi devenue une puissance spatiale.

Antagonisme sino-indien

Pourquoi l'Inde fera-t-elle la Troisième Guerre mondiale dans le camp occidental ? Elle est rivale de la Chine. Celle-ci conteste le tracé de la frontière himalayenne de plus de 3 000 km séparant les deux pays, qui fut tracée par les Britanniques au temps de la colonisation (« la ligne Mac Mahon »). En 1962, la Chine donna l'assaut au Cachemire, infligeant en un mois de combats une lourde défaite à l'Inde dont elle s'est approprié un morceau de territoire. En 1967 se produisit un bref affrontement frontalier dans la région du Sikkim : l'incident de Chola. Cette fois-ci, l'armée indienne sortit victorieuse de cette escarmouche provoquée par les forces chinoises. Depuis les incidents de frontière se sont multipliés entre les deux armées, qui firent des dizaines de morts en juin 2020. Au-delà du différend frontalier, ce sont deux civilisations qui s'affrontent : d'un côté l'hindouisme (80 % de la population indienne) qui place le détachement spirituel au centre de l'existence ; de l'autre le matérialisme communiste chinois teinté de libéralisme économique, associé au pragmatisme d'un confucianisme renaissant.

Antagonisme hindo-pakistanais

Le Cachemire est aussi une source de conflits entre l'Inde et le Pakistan. Outre sa richesse en eau et en ressources agricoles, cette région présente un intérêt stratégique. Quoique sa population fût majoritairement musulmane, le maharajah Hari Singh qui dirigeait le Jammu-et-Cachemire était hindou. Après la partition de l'Inde en 1947 ayant donné naissance au Pakistan, dans un premier temps il refusa de rattacher son royaume à l'un ou l'autre des deux pays, préférant l'indépendance. Mais, confronté au déferlement de hordes tribales venues du Pakistan, Singh demanda de l'aide à New Delhi. Il ne l'obtint qu'en signant un accord rattachant le Cachemire à l'Inde. En réaction, le 21 octobre 1947 l'armée pakistanaise déclencha « la Première Guerre indo-pakistanaise ». Elle ne prit fin que le 31 décembre 1948 : l'ONU fit accepter aux deux belligérants une ligne de cessez-le-feu (« la ligne de contrôle ») coupant en deux le Jammu-et-Cachemire. Les deux tiers de ce territoire ont été attribués à l'Inde. Le Pakistan a obtenu l'Azad Cachemire (Cachemire libre) et le Gilgit Balistan (Territoires du Nord). En outre la résolution de l'ONU prévoyait l'organisation d'un référendum, mais New Delhi ne s'est jamais exécuté. Il estime qu'en tient lieu le rattachement à l'Inde voté le 17 août 1956 par l'Assemblée constituante du Cachemire librement élue.

Depuis cette époque, cette région est restée une source perpétuelle de tensions dans les relations indo-pakistanaises. Les organisations islamistes de guérilla pro-pakistanaises téléguidées par Islamabad versent de l'huile sur le feu. En août 1965 l'infiltration de soldats pakistanais déguisés en civils dans la partie indienne du Cachemire déclencha « la Deuxième Guerre indo-pakistanaise ». Elle prit fin le mois suivant avec un cessez-le-feu sous l'égide de l'ONU et un retrait des deux armées derrière les frontières antérieures à ce conflit. « La Troisième Guerre indo-pakistanaise » éclata en décembre 1971, cette fois-ci à propos du Pakistan oriental (majoritairement musulman) engagé dans une guerre d'indépendance vis-à-vis du gouvernement central d'Islamabad. Venue au secours des insurgés, l'armée indienne défie les troupes pakistanaises. Le pays devint un État indépendant en janvier 1972 sous le nom de Bangladesh, ce qui affaiblit le Pakistan. L'Inde, dirigée par Indira Gandhi, avait signé un accord de coopération militaire avec Moscou en août 1971 en prévision de ce conflit. Lorsque le Pakistan fut au bord de la déroute militaire, Washington envoya le porte-avions Enterprise pour obliger New Delhi à accepter un cessez-le-feu au lieu de pousser son avantage en allant bousculer l'armée pakistanaise de l'autre côté, au Cachemire. Quoique non alignée, l'Inde était alors plus proche de l'URSS que des États-Unis qui, eux, soutenaient le Pakistan.

Pour ce qui est du Cachemire, les escarmouches sont récurrentes. Du 3 mai au 26 juillet 1999 se déroula « le Conflit de Kargil » à plus de 5 000 mètres d'altitude avec des températures en dessous de zéro. C'est l'infiltration de soldats pakistanais et de combattants islamistes sur la partie indienne de la ligne de contrôle qui le provoqua. Les Pakistanais battirent en retraite.

En 1998, le Pakistan est entré dans le club des puissances nucléaires grâce à un essai atomique réussi. Cette même année l'Inde, qui avait fait exploser sa première bombe en 1974, effectua cinq essais pour « valider » son programme militaire nucléaire. Ces essais atomiques intensifièrent le climat de méfiance entre les deux pays. Il en résulta « la Confrontation indo-pakistanaise », du 13 décembre 2001 au 10 juillet 2002. New Delhi massa 500 000 à 700 000 hommes le long de la ligne de contrôle au Cachemire. Islamabad en concentra 300 000 à 400 000 de l'autre côté. Les armées des deux puissances nucléaires étaient prêtes au combat. Le monde retenait son souffle. Allait-on vers un affrontement conventionnel pouvant déboucher sur des tirs atomiques déclenchés par l'un des deux belligérants mis en déroute ? Une intermédiation internationale apaisa finalement la situation. Les troupes se retirèrent de part et d'autre sans ouvrir les hostilités.

Durant cette crise, les officiels indiens et pakistanais tenaient des propos rassurants : « *Not in first use* » (on n'utilise pas la bombe les premiers). Mais au contraire, le 5 juin 2002, le président pakistanais Pervez Musharraf, avait dit qu'il se réservait le droit d'utiliser son armement nucléaire en premier. C'était un coup de bluff. Mais en pleine crise, évoquer la possibilité d'enfreindre le tabou de la non-utilisation de l'arme atomique en premier ressort avait de quoi choquer… Si, à la place de Musharraf, il y avait eu un fanatique islamiste, une guerre atomique aurait peut-être éclaté entre le Pakistan et l'Inde. Ce sera peut-être le cas si des fanatiques islamistes arrivent au pouvoir à Islamabad à la faveur de la grande crise financière mondiale à venir (voir plus loin).

La « Confrontation indo-pakistanaise » du 14 février au 22 mars 2019 fut moins grave. Un terroriste originaire du Jammu-et-Cachemire tua 46 policiers indiens. L'organisation islamiste Jaish-e-Mohammed revendiqua l'attentat. Des bombardements furent menés de part et d'autre, faisant quelques victimes. Ces tensions profitèrent au BJP, qui remporta haut la main les législatives de 2019.

L'Inde a des rapports difficiles avec ses deux grands voisins, la Chine communiste et le Pakistan musulman. Tous deux sont alliés, Islamabad s'éloignant progressivement de Washington pour se placer dans l'orbite de Pékin. Tout concourt à ce que l'Inde fasse la Troisième Guerre mondiale dans le camp opposé, celui de l'Occident. Elle sera du même coup en conflit avec la Russie. C'est la logique binaire des alliances en temps de guerre.

L'Europe, herbivore livré aux prédateurs

L'Europe sera embarquée dans la Troisième Guerre mondiale aux côtés des États-Unis. C'est le veau que l'on conduit à l'abattoir. Ses armées miniaturisées épuiseront leurs munitions en trois jours dans une guerre de haute intensité avec la Russie. Elle est submergée par une immigration majoritairement musulmane manipulée par les organisations fréristes, qui sera le ferment d'une guerre civile. Ses élites dirigeantes imbibées de l'utopie mondialiste sont incapables d'affronter la montée des périls. Le wokisme plonge les esprits dans une hébétude dont l'histoire de l'humanité offre peu d'exemples. L'Europe est une proie facile. Les prédateurs l'entourent. Sa situation dans la Troisième Guerre mondiale sera dramatique. Elle sera le théâtre d'un affrontement Occident-Russie qui la dévastera. Elle subira aussi des invasions venues de pays musulmans tombés aux mains de fanatiques islamistes à la faveur de la crise économique et financière mondiale. Le terrorisme sera l'un des éléments de ce chaos.

L'axe sino-russe antioccidental

L'Occident ayant rejeté la Russie dans les bras de la Chine, les relations économiques et financières entre ces deux pays se développent rapidement. Les sociétés chinoises se précipitent sur les créneaux laissés vacants par les firmes occidentales obligées, à grand regret, de quitter la Russie. Celle-ci se forge une nouvelle communauté de destin avec la Chine. C'est un mariage de raison plus que d'amour. Mais un mariage quand même. Et comme dans tout mariage de raison, l'aspect matériel compense l'absence des sentiments. En 2023, les deux puissances ont augmenté de 26,3 % leurs échanges de biens, qui ont atteint un niveau record de 240,1 milliards de dollars selon les douanes chinoises. C'est au-delà de l'objectif annuel de 200 milliards que Moscou et Pékin s'étaient assigné. Igor Setchine, le patron du géant pétrolier Rosneft, indique que « *l'énergie représente 75 % des exportations russes à destination de la Chine.* »

Cette ascension rapide des relations commerciales sino-russes contraste avec le ralentissement des flux sino-américains. En 2023, les échanges de biens et de services des deux pays ont été de 664,4 milliards de dollars, en baisse de 11,6 % sur un an. Le repli annuel précédent avait eu lieu en 2019, à cause de la guerre commerciale lancée contre Pékin par Donald Trump, alors président des États-Unis.

L'économie chinoise souffre de la dégradation des relations et des échanges entre Pékin et l'Occident. Alors que celui-ci est en proie à l'inflation, un autre mal ronge la Chine : la déflation. Elle s'est mal remise de l'épidémie de Covid. La demande intérieure est atone, d'autant que les ménages thésaurisent, car ils sont échaudés par la crise immobilière. Les entreprises sont donc obligées de réduire leur production et de brader leurs prix afin d'écouler leurs stocks. Leur rentabilité en est diminuée. Aussi gèlent-elles leurs embauches quand elles ne licencient pas. Le chômage des jeunes explose au point que le gouvernement a cessé de publier les statistiques le concernant. La demande interne n'a pas le dynamisme nécessaire pour compenser l'affaiblissement de la demande externe lié au ralentissement de la croissance économique mondiale. La Chine vise une croissance à 5 % cette année, ce qui est faible pour elle. Xi Jiping resserre les écoutilles en prévision de la tempête. Il pressent que les troubles sociaux vont se développer sur le terreau des difficultés économiques grandissantes. Il accentue l'autoritarisme du régime et la course aux armements. Il militarise la Chine à grands pas : la guerre sera le ferment d'unité nationale quand l'économie ne le sera plus. Il fouette son industrie des puces électroniques pour la mettre au niveau d'excellence de Taïwan et de l'Occident. Pour conduire une guerre moderne, c'est indispensable.

Xi Jiping serre les coudes avec Poutine en prévision de la Troisième Guerre mondiale. Pour lui, le divorce entre l'Occident et la Russie est une aubaine. Face à l'hostilité croissante des États-Unis, la Chine a désormais un allié puissant et solide : l'ours russe.

Les missiles hypersoniques et les torpilles hypervéloces russes mettront en danger les porte-avions américains. Les unités navales de surface deviennent des cibles vulnérables. Les Chinois bénéficieront de transferts de technologie russe, notamment dans le domaine de l'hypervélocité. La flotte américaine du Pacifique n'aura pas la tâche facile. La guerre électronique visant à paralyser les communications de l'ennemi et désorganiser son économie sera cruciale. Des satellites tueurs de satellites opéreront dans l'espace.

Dans les combats de la Troisième Guerre mondiale, la Chine et la Russie se répartiront les rôles. L'effort militaire chinois portera sur l'Indopacifique, contre les forces américaines, japonaises et indiennes. La Russie sera plutôt tournée vers le théâtre d'opérations européen où elle combattra les armées de l'OTAN. L'armée américaine, très occupée dans le Pacifique, délaissera quelque peu l'Europe.

La Corée du Nord retrouve une seconde jeunesse

La Corée du Nord retrouve une seconde jeunesse depuis le 24 février 2022. Kim Jong-Un est rayonnant. Le Grand Leader vole de succès en succès. Non seulement la Corée du Nord détient la bombe atomique (une trentaine d'ogives nucléaires), mais elle a réussi un tir de missile balistique d'une portée de 15 000 km lui permettant d'atteindre l'ensemble du territoire des États-Unis. Sans doute avec un coup de pouce des ingénieurs russes. Poutine devait bien ça à Kim Jong-Un. Celui-ci lui fournit un million d'obus et 500 000 ouvriers zélés, compétents et bon marché. Et sans doute répercute-t-il vers la Russie des matériels chinois que Pékin ne peut livrer directement à Moscou à cause de l'embargo. Il faut quand même prendre encore des précautions avec les États-Unis.

La coopération avec Moscou permet à Pyongyang de moderniser ses équipements militaires. Tout d'abord grâce à l'importation de matériels russes haut de gamme (avions, radars, batteries antimissiles...). Mais aussi grâce à des transferts de technologie lui permettant d'optimiser le niveau de son industrie de Défense. De quoi transformer la quatrième armée du monde en effectifs (1,1 M de militaires actifs et 9,5 M de réservistes) en une force redoutable.

Kim Jong-Un prépare ouvertement la Corée du Nord à la Troisième Guerre mondiale. Il attaquera la Corée du Sud. Ce sera le choc de deux pays surarmés, Pyongyang ayant toutefois l'avantage nucléaire sur Séoul. Il se heurtera aux 30 000 soldats américains qui y stationnent. Donc à la puissance américaine très présente en Extrême-Orient.

L'Iran, ses drones et ses missiles

L'Iran apporte son obole à la coalition antioccidentale avec ses astucieux drones Shaed au bruit de mobylettes. Très peu coûteux, ils volent en essaims, saturant les dispositifs de défense ukrainiens et vidant leurs stocks de missiles. Les Russes ont obtenu la permission d'en fabriquer. Ils les modernisent. L'Iran a contribué à l'ouverture de nouveaux fronts au Proche-Orient : Gaza, et aussi la mer Rouge, où les Houthis bloquent le trafic avec les missiles qu'il leur fournit. Il en fait aussi profiter la Russie.

L'Iran et la Corée du Nord sont bénéficiaire d'importations d'armement haut de gamme et de transferts de technologie russes. La synergie technologique entre la Russie, la Chine, la Corée du Nord et l'Iran pèsera lourd dans la Troisième Guerre mondiale. Le Pakistan lui-même pourra compter sur des apports technologiques chinois. L'Occident l'emportera-t-il ? En 1918, l'innovation constituée par le char donna un avantage décisif aux troupes françaises et anglaises sur l'armée allemande. Le remplacement des obus et des missiles par les « armes à énergie dirigée » (lasers, canons à énergie pulsée, armes à micro-ondes...), objets d'intenses recherches notamment aux États-Unis, sera peut-être le saut technologique qui fera pencher la balance en faveur de l'Occident.

La Turquie à l'assaut de l'Europe

La Turquie ne saurait laisser passer l'occasion de fondre sur une Europe aux abois pour y prélever sa part de butin. Son appartenance à l'OTAN appartiendra alors au passé. Son armée d'active est forte d'1,3 M d'hommes bien équipés. C'est actuellement la deuxième de l'OTAN en termes d'effectifs. L'aviation a besoin d'être renouvelée, mais Erdogan développe beaucoup la marine, comme on l'a vu plus haut.

En outre l'armée turque pourra emmener avec elle des combattants d'Afrique du Nord et du Moyen-Orient fuyant la misère. La crise économique mondiale aura porté les islamistes à la tête de certains de ces États. Ils inciteront les jeunes à aller faire le jihad en Europe. L'invasion turque concernera principalement l'Europe du Sud. La Turquie assumera en quelque sorte un rôle d'État phare de l'islam, selon l'expression de Huntington.

Le fanatisme et la bombe atomique

La survenue d'une Troisième Guerre mondiale est impossible, dit-on. La dissuasion nucléaire empêche les pays détenteurs de l'arme atomique de s'affronter sous peine de se détruire les uns les autres. C'est pourquoi la Guerre froide n'a pas débouché sur une guerre chaude. Les États-Unis et l'URSS ne se firent la guerre que par proxys interposés. La dissuasion nucléaire ne connaîtra-t-elle jamais de ratage ? Au temps de la Guerre froide, les premières puissances à se doter de la bombe atomique furent les cinq membres du Conseil de sécurité des Nations unies : les États-Unis dès 1945, l'URSS en 1949, le Royaume-Uni en 1952, la France en 1960, la Chine en 1964. Tous les cinq ont signé le Traité de non-prolifération nucléaire (TNP) dès son origine en 1968. Mais ce nombre restreint n'empêcha pas, en 1962, l'humanité de frôler la Troisième Guerre mondiale à cause de la crise de Cuba. C'est le sang-froid du président Kennedy qui évita la catastrophe.

Ensuite Israël (vers 1969), l'Inde (1974) et le Pakistan, tous trois non-signataires du TNP, sont devenus des puissances nucléaires. Enfin, la Corée du Nord acquit la Bombe en 2006 après être sortie du TNP en 2003. Neuf pays ont l'arme atomique. L'un d'eux, la Corée du Nord, inquiète beaucoup : il est dirigé par le très belliqueux Kim-Jong un. Quant au Pakistan, son arsenal atomique pourrait tomber entre les mains de fanatiques islamistes à l'occasion de troubles politiques tels qu'en réserve la future crise économique et financière mondiale à ce pays tumultueux. En

2009, une quasi-guerre civile opposa des Talibans pakistanais à l'armée gouvernementale. Les insurgés s'assurèrent la maîtrise de districts proches d'Islamabad et de l'arsenal nucléaire. En proie à une vive inquiétude, New Delhi mit le gouvernement pakistanais en demeure de reprendre le contrôle de la situation sous peine d'intervenir. Les Talibans du Tehreek e-Taliban Pakistan (TTP) commettent fréquemment des attentats meurtriers dans ce pays de 231 millions d'habitants. Ils ont des complicités dans les services de renseignement (ISI), l'armée, la police. Les partis religieux intégristes tiennent une grande place dans la vie politique pakistanaise grâce à un large soutien populaire. Le Pakistan est, pour l'instant, le seul pays musulman à détenir la bombe atomique. Les islamistes finiront par s'emparer du pouvoir, donc de l'arsenal atomique.

La prolifération nucléaire va se poursuivre. Notamment au Moyen-Orient, région de haute tension. L'Iran est au seuil nucléaire. Erdogan rêve de faire entrer la Turquie dans le club atomique. L'Égypte, l'Arabie Saoudite, les Émirats arabes unis ne se priveront pas de la Bombe eux aussi. Le Maghreb (Algérie, Maroc) pourrait suivre. Plus nombreuses seront les puissances nucléaires, plus grands seront les risques de guerre nucléaire. Les tirs atomiques feront partie de la Troisième Guerre mondiale.

La porte d'entrée du recours à l'arme atomique pourrait être l'utilisation d'armes nucléaires tactiques, dites armes du champ de bataille. Leur puissance explosive peut descendre jusqu'à 300 tonnes seulement, ce qui leur vaut alors le surnom de *mini nuke* (mini arme nucléaire). C'est en effet très inférieur aux 15 kilotonnes de la bombe d'Hiroshima. Au-delà d'une puissance de 300 kilotonnes, on parle de bombes stratégiques. La tentation d'utiliser une bombe nucléaire tactique pour venir à bout d'une résistance ennemie ou éviter des pertes en hommes lors d'un engagement conventionnel peut être très forte. Certains chefs y céderont inévitablement.

CONCLUSION

La Troisième Guerre mondiale arrive à grands pas. Elle sera plus meurtrière que la seconde, qui le fut elle-même plus que la première. Comme les précédentes, elle aura été provoquée par une accumulation d'erreurs cruciales. Et comme elles, elle bouleversera les préséances, les rapports de force et les façons de penser. Cette Troisième Guerre mondiale signera l'échec de l'oligarchie financière mondialiste qui dirige l'Occident. Celle-ci aura perdu toute légitimité. Dans quel état l'Europe sortira-t-elle de cette épreuve ? Nombre de ses joyaux architecturaux auront été détruits, ses paysages dévastés… Mais cette tragédie lui aura peut-être légué un formidable renouveau intellectuel, moral et spirituel. Ce serait un réveil après une longue léthargie consumériste.

Paris, le 23 janvier 2024

Table

Cet ouvrage a été composé
par Atlant'Communication
au Bernard (Vendée)

Impression réalisée par SEPEC Numérique

en février 2024

Imprimé en France
N° d'impression : N33146240101
Dépôt légal : 2024